지리산 스님들의
　　못 말리는 수행 이야기

지리산 스님들의
　　못 말리는 수행 이야기

천진 쓰고 현현 엮다

들어가는 말

은사이신 정봉 스님(이하 스님)께서는 94년도에 이곳 지리산 화개골로 오셨습니다. 그리고 지금 저희가 사는 맥전마을 위의 동굴에서 3년 동안 간절하게 수행하시면서, 아홉 가구가 사는 이 조그만 마을이 '진실된 수행자의 도량'으로 거듭나길 기원하셨습니다. 당신의 그 간절하신 원력에 따라, 현현 스님과 제가 스님 밑에서 공부한 지도 벌써 7년(2002년)이 되어갑니다.

처음 저희가 지리산에 왔을 때, 스님께서는 몇 가지 당부를 하셨습니다. 모기, 파리, 개미 한 마리라도 죽이지 말 것, 낮에 자지 말 것, 새벽예불에 모든 수행을 다 해 마칠 것, 시계 없이 새벽 2시 반에 일어날 것, 그리고 부처님의 바른 법과 중생들을 향한 대원력의 마음 외에 다른 세속적인 마음은 내지 말 것 등이었습니다. 스님께서 당부하신 말씀들은, 7년이라는 시간 동안 차츰차츰 몸에 익어, 이제는 그렇게 살지 않는 것이 더 어렵게 되어버렸습니다.

이렇게 스님 밑에서 공부하면서 저희가 스님께 들었던 소중한 법문들을 회향하기 위해, 〈보리심의 새싹〉이라는 블로그를 만들어 글을 올리기 시작한 지도 벌써 3년이 되어갑니다. 이곳 지리산에서 수행하는 이야기, 스님의 살아있는 법문들, 채식에 관한 이야기 등을 통해, 그동안 인연되는 분들과 진실된 마음을 나눌 수 있었습니다.

사실, 블로그에 글을 올리면서 내심 어려웠던 점도 많았습니다. 스님께서 지극하게 해 주신 법문을 혹여나 제가 제대로 전달하지 못하는 것은 아닌지…. 당신의 깊은 뜻을 저의 졸렬한 언어로 담아내기에 역부족은 아닌지…. 많은 고민을 하면서도, 계속해서 글을 쓸 수 있었던 것은, 부족한 글들을 간절한 마음으로 읽어주신 분들 덕분이었다고 말하고 싶습니다.

작년과 올해는 저희에게 조금의 변화가 있었던 해였습니다. 헌 나무들과 헌 문짝들로 한 두 평 남짓한 토굴들을 지어놓고 공부만 하던 저희들에게 조그마한 수행관이 생겼습니다. 스님을 찾아뵈러 오시는 분들이 늘어나면서, 저희 속가 가족 분들이 스님께 권청을 해서, 찾아오시는 분들이 하루라도 편히 수행할 수 있는 공간이 마련되게 되었던 것입니다. 그리고 수행관이 완성된 지 얼마 되지 않아, 〈보리심의 새싹〉에 올린 글들을 늘 읽어보시던 '보리심 행자' 양정자 보살님께서 어머님과 함께 수행관에 모시게 될 부처님을 조성하고 싶다고, 어느 날 연락이 왔습니다. 얼굴 한 번 뵌 적 없고, 단지 몇 번의 통화로 수행에 대해 궁금한 것만 물어보시던 분이었는데…. 이렇게 큰마음을 내주신 것입니다. 그래서 올해 3월에는 보리심 행자님과 다른 몇몇 분들의 정성을 모아, 수행관에 조그마한 일곱 불보살님을 모시게 되는 뜻 깊은 일이 있었습니다.

일곱 불보살님을 모시는 3월 점안식을 앞두고, 청경 스님께서 저희들에게 블로그의 글들을 책으로 엮을 수 없겠느냐고 하시면서, 〈보리심의 새싹〉에 올린 글들이 많은 분들에게 회향되면 참 좋겠다고 간곡하게 말씀하셨습니다. 저희들도 멀리 계시는 분들 중에 인터넷을 어려워하는 분들이 계셔서 다소 안타까웠던 상황이었기에, 청경 스님의 법보시로 〈보리심의 새싹〉에 올렸던 글들을 엮어 조그만 책자를 만들게 되었습니다.

처음 만들어 보는 책이라 부족한 점이 많았는데도, 다행스럽게도 책을 받아보시는 분마다 수행에 많은 도움이 되었다고 좋아하셨습니다. 그런 중에, 스님의 법문이 널리 전해졌으면 하는 많은 분들의 바람이 결국 이렇게 불광출판사와의 인연으로 회향되게 되었습니다.

많은 분들이 편안하게 읽고, 오래도록 여운이 남는 책이 되기 위해, 현현 스님이 정성을 다해 읽기 쉬운 순서로 다시 글들을 모으고, 저의 모자란 말들을 부드럽게 바꾸어주는 수고를 아끼지 않았습니다. 그리고 저의 오랜 친구인 선우 보살님이 책 중간 중간에 들어가는 삽화를 정성껏 그려 주었습니다.

이 책은 크게 세 부분으로 되어있습니다.

첫 번째 부분에서는 이곳 지리산에서 수행하는 일상의 모습들과 이곳에 찾아온 분들을 위해 스님께서 해 주신 법문들을 주로 담았습니다. 두 번째 부분에서는 세상 사람들의 관심사와 아울러 인도 성지 순례 때 체험했던 이야기들을 담았습니다. 세 번째 부분에서는 다소 어려운 이야기가 될 수도 있지만, 우리가 수행자로 살아가는 데 꼭 필요한 법문들과 올바른 수행을 위해 반드시 새겨보아야 하는 법문들을 담았습니다.

그리고 마지막으로 부록에는 티벳불교의 위대한 스승이신 까르마빠의 채식법문을 실었습니다.

스님께서는 늘 "계율은 수행의 시작임과 동시에 마지막이기도 하다."고 말씀하십니다. 왜냐하면 선하고 바르게 살지 못한다면 올바른 깨달음으로 나아갈 수 없고, 또한 누군가 올바른 깨달음을 얻었다면 반드시 최고의 자비방편인 계율에 대해 이야기하지 않을 수 없기 때문입니다.

모쪼록 이 글을 읽게 되는 모든 분들이, 바른 지견과 청정한 계율 속에 항상 행복이 증장되고, 생사의 고통에서 벗어나 위대한 자유인이 되시길 간절히 바래봅니다.

2009년 5월 지리산에서
천진 합장

차례

【제1장】 한 평짜리 방의 행복 026

028 한 평짜리 방의 행복
030 짬뽕과 짜장이 만났을 때
037 동굴 이야기
041 회향하는 삶
045 쥐 밥
047 풀 먹는 고양이
048 손톱과 개미
051 약이 된 독버섯
058 모과나무에 피어난 연꽃
060 보리심의 등불을 밝혀요
062 우리가 밥을 먹는 이유

064 홍서원의 가을소식
065 배추벌레와 벌레용 텃밭
068 지네는 이불을 좋아해
070 나는 웃음을 배웠다
074 풍성했던 추석
078 능엄 스님에게
082 어머니의 편지
084 모기야, 내 피 먹고 성불해라
086 호떡과 국화
089 나의 허공을 자비로 숨 쉬게 하라
092 가장 거룩한 사랑
094 대만에서 온 효정, 효혜 자매

【제2장】
세상 사는 이야기 100

102 로또에 당첨되면 제일 먼저 할 일
104 삼재를 벗어나는 최고의 부적
108 전생을 알고 싶으세요?
112 맑은 기운 받고 싶으세요?
115 잘 죽는 법과 태교법
122 엉킨 실타래 풀기
125 행복을 여는 비밀의 열쇠
129 수행자와 화장품
132 이런 채식은 문제가 좀 있어요
135 절집에서 일찍 일어나는 이유
138 하심은 하는 것이 아니라 되어지는 것이다
140 허공을 바라볼 수 있나요?
145 발을 부처님 대하듯 하라
151 아! 보드가야!
155 보드가야를 더욱 향기롭게
159 부처님 6년 고행지, 둔게스와리
161 나눌수록 하나가 되는 보시

[제3장]
선(禪)의 길, 자유의 길 166

168　삼귀의

172　참회하는 삶

177　극락왕생 원한다면 지옥왕생 발원하라

182　어떤 분을 선지식으로 의지해야 할까요? 계율

185　어떤 분을 선지식으로 의지해야 할까요? 반야의 지혜

190　어떤 분을 선지식으로 의지해야 할까요? 자비 방편

193　옹달샘

194　참선하기 전에 우리가 갖추어야 할 것

198　지리산 홍서원 일일기도문

200　연꽃 위의 결가부좌

203　일념삼매가 되지 않는 이유

207　선정 속의 체험

210　깨달음으로 가는 반야, 지옥으로 가는 반야

214　아뇩다라삼먁삼보리

220　돈오의 삶이 자비 방편의 삶이다

225　발심행자의 출가

【부록】
티벳 까규파 법왕
제17대 까르마빠 채식법문 236

005 들어가는 말
255 후기

● 맥전마을 800-3번지 홍서원

'홍시원(紅枾院)' 이야기

홍서심여해 弘誓深如海 큰 서원은 바다와 같이 깊어,
역겁부사의 歷劫不思議 헤아릴 수 없는 수많은 겁 동안,
시다천억불 侍多千億佛 여러 천억 부처님을 모셔 받들며,
발대청정원 發大淸淨願 청정한 큰 서원을 세웠느니라.

「관세음보살보문품」을 독송하시면서
'큰 서원'을 늘 가슴에 새기셨던 스님,
이 도량의 모든 수행자가 일체 중생을 위한
크나큰 서원으로 수행하기를 바라시면서,
이곳을 홍서원이라고 이름지으셨다.

● 왼쪽부터 정봉 스님, 현현 스님, 천진 스님

● 홍서원 공양간 앞의 돌탑

귀의합니다

한 발자국도 떼지 않고 얻는 이것!
천만 발자국 떼어 구할 바 없는 중생을 제도하리라.

— 정봉무무 頂峰無無 —

난 스님을 만난 이후로
어떤 것이 반야의 지혜인지,
어떤 것이 진정한 자비인지,
어떤 것이 수행자의 자유로운 삶인지를
조금이나마 알게 되었다.

【제1장】

한 평짜리 방의 행복

● 돈 한 푼 안 들이고, 정봉 스님께서 절집에 남는 헌 문짝으로 손수 만들어 주신 천진 스님 토굴

내가 지금 살고 있는 곳은 지리산 자락의 작은 마을이다. 우리 마을에는 9가구가 사는데, 그 중 4집이 스님들이 공부하는 곳이다. 2002년 봄, 현현 스님과 내가 모든 것을 뒤로 한 채 이곳을 찾았을 때, 이 골짜기에서 홀로 수행하고 계셨던 스님께서는, 힘든 결정이셨지만 두 출가 수행자의 간절한 마음을 저버리지 않으셨다.

우리는 그 날 이후, 스님을 선지식으로 모시고, 맥전골의 새 식구로 살게 되었다. 하지만, 우리는 한솥밥은 먹어도 한 지붕에서 살지는 않는다. 한 두 평 남짓한 각각의 수행공간에서, 부처님 가르침대로 수행을 하면서, 함께 그러나 또 홀로 살고 있다. 항상 모든 존재의 행복을 바라는 마음을 간직하면서….

한 평짜리 방의 행복

● 살짝 엿본 천진 스님 토굴 내부.

● 장마철엔 습기가 배어들고, 한겨울엔 콧잔등이 시린 한 평짜리 토굴 방이지만 스님들에겐 가장 행복한 수행 공간이다.

짬뽕과 짜장이 만났을 때

첫 번째 이야기 출가

현현 스님은 귀가 참 밝다. 속가 때 전공이 피아노라서, 소리에 예민한 이유도 있지만 또 다른 이유가 있다. 속가 부친이자 은사이신 스님께서 30살에 불법을 만나신 이후에 당신이 체험한 이야기나 불법에 대한 이야기들을 가족에게 기회가 있을 때마다 말씀해 주셨는데, 그 때마다 현현 스님은 늘 귀를 쫑긋하고 그 이야기를 귀담아 들었다고 한다. 10살 안팎의 나이였을 텐데….

식구들이 잠이 들면, 그 머리맡에서 늘 참선을 하셨던 스님, 그리고 그 모습을 잠든 척하면서 몰래 지켜보았던 현현 스님…. 현현 스님이 출가를 하게 된 이유는 이렇게 어린 시절로 거슬러 올라간다. 현현 스님에게 스님은, 아버지 이상으로 세상에서 가장 존경하는 분이었다. 스님께서는 현현 스님이 초등학교 3학년 때 출가를 하셨지만, 스님의 모습과 말씀은 현현 스님의 마음에 언제나 크게 자리 잡고 있었다.

현현 스님이 어렸을 때, 스님께서는 단 한 번도 공부 잘하라고 강요하신 적이 없으셨다. 늘 "네가 기분 안 나쁠 정도만 공부해라."라고 말씀하셨기에, 오히려 그 말씀에 자존심이 상해서 공부를 했다고 한다. 스님께서 정말로 무섭게 야단치시는 경우가 딱 하나 있었는데, 그것은 바로 거짓말을 했을 때라고 한다.

　스님의 정직하면서도 자유롭고 활기찬 성격을 많이 닮아서인지, 현현 스님은 경우가 참 바르면서도 타인을 배려하고 그 마음을 헤아리는 것이 몸에 배어 있다. 초등학교 때는 반에서 소아마비로 몸이 불편한 친구가 있었는데, 그 친구가 얼마나 불편해 하는지 이해해 보고 진정으로 도와주기 위해 집에서 남몰래 그 친구의 불편한 몸을 흉내 내어 보았던 현현 스님…. 동네 친구들과 절에 가서 108배를 하는 것이 제일 재미있는 놀이였고, 스님께서 사주신 부처님 일대기 만화책을 읽으며 감동의 눈물을 흘리던 꿈같은 초등학교 시절을 보냈던 현현 스님. 사춘기 시절에는 아버지가 곁에 없어 원망 아닌 원망도 해보았지만, 특유의 밝고 활달한 성품은 늘 그대로였다. 그리고 어려운 집안 형편에도 스스로의 노력과 재능으로 무난히 음대에 입학했다.

　현현 스님이 이렇게 성장해 가는 동안, 스님께서는 가끔씩 찾아와서 부처님 법을 전해 주셨다. 어느덧 대학 졸업을 하고 아이들에게 피아노를 가르치는 일에 익숙해져 갈 무렵, 현현 스님은 문득 마음 속 깊은 곳에서, 지금 발을 빼지 않으면 영원히 세상에 붙잡힐 것 같은 예감이 들기 시작했다고 한다. 그리고 어느 날 아이들 피아노 교습을 마치고 해운대 바닷가에 혼자 우두커니 앉아 있다가, 스님께서 몇 십 년 동안 속가 가족이라는 끈을 통해 계속해서 자신에게 전해주고 싶어 하셨던 그 뜻을 그 때야 가슴 속 깊이 느낄 수 있었다고 한다. 그것은 바로, 이 세상에서 가장 행복한 길,

내가 온전히 생사에서 자유를 얻고 진정으로 남을 위할 수 있는 그 길을 가야 한다는 것이었다. 한 번도 출가를 강요하신 적은 없으셨지만, 무언의 말로 항상 말씀하고 계셨던 그 속 깊은 뜻을 그 때서야 이해하고 현현 스님은 참으로 많이 울었다고 한다. 그리고 모든 것을 뒤로 한 채 현현 스님은 출가의 길로 당당히 들어서게 되었다.

어렸을 때부터 불법을 늘 가까이 했던 현현 스님과는 달리, 내가 불법을 만난 것은 대학교를 졸업하고 나서였다. 어렸을 때 텔레비전이 바보상자라고 집에서 TV를 없애버리신 부모님 덕에, 나는 좀 남다른 사유를 하는 유별난 아이였던 것 같다. 특히 여러 가지 이유로 차별받는 것을 온 몸으로 거부했던 나는 한국의 일반적인 가정이 그렇듯이 그다지 심하진 않지만 남아선호 사상을 가진 부모님께 사사건건 반기를 드는 '까탈스러운 딸'이었다. 대학교에 입학한 이후에도 사회의 여러 차별과 권위, 부당함에 가슴앓이를 했던 시절, 사람들 마음속의 이분법이 세상을 아프게 한다는 것을 가슴 깊이 느꼈다.

대학졸업 후에 어렸을 때부터 늘 하고 싶어 했던 미술을 뒤늦게 시작하여 어렵게 시험을 치르고 다시 미대 입학을 앞둔 그해 겨울, 아는 사람의 권유로 해남 대흥사에 가게 되었다. 마침 그 때가 부처님께서 깨달음을 얻으신 성도재일 주간이어서 대흥사에서는 사부대중이 함께 절하고 참선하는 시간들이 있었다. 무심코 절에 갔다가, 남들 따라 하게 된 참선. 그 짧은 참선을 통해 나는 태어나서 처음으로 말로 표현할 수 없는 행복과 자유를 느끼게 되었다. 그래서 그 짧게 맛본 참선을 계속하기 위해 시민 선방에 다니게 되었다. 참선을 통해 그동안 나를 괴롭혔다고 생각했던 세상의 이분법적인 사고는 결국 내 마음의 분별심이었음을 알게 되었다. 마침내 나는 세상 사람들을 진정으로 행복하게 해 주고, 모든 이분법을 초월하여 대자유인이 되기 위해 출가하게 되었다.

나의 긴 방황을 쭉 지켜보시던 부모님. 편지 한 장 남기지 않고 출가했던 그 날, 이상한 예감에 나의 방문을 열어본 속가 아버지는, 깨끗하게 정리된 그 방을 보고 출가했음을 아셨는데, 그렇게 마음이 편안할 수가 없다고 하신다. 속가 어머니께서도 내가 이곳 지리산에서 스님 밑에서 수행을 한다고 하니 이곳까지 찾아오셔서 하시는 말씀,

"남들은 명문대 갔다고 좋은 딸 됐다고 해도, 얼마나 유별난지 제가 맘고생한 것은 이루 말할 수가 없어예. 그런데, 이렇게 선지식을 모시고 자기 마음에 꼭 드는 도반과 함께 수행하니 그릇이 딱 제자리에 들어앉은 것처럼, 제 마음이 너무나 좋습니더."

이렇게 서울과 부산이라는 서로 다른 공간에서, 서로 다른 성장배경을 가지고 살아왔던 두 사람이, 시절인연이 되자 수덕사로 출가해 행자 도반으로 만나게 되고, 또 이곳에서 같이 수행하게 된 것은, 전생부터의 지극한 인연이라는 생각이 든다.

평생 같이 수행할 도반을 보내달라고
부.처.님.께.. 기.도.했.다..

● 홍서원의 설경 - 눈 치우는 천진 스님, 현현 스님

두 번째 이야기 도반

현현 스님은 견성암에서 내 바로 다음으로 출가한 행자였다. 나는 법당에서 '평생 같이 수행할 도반'을 보내달라고 부처님께 기도했었다. 그리고 내가 출가한 지 한 달이 된 어느 날, 한 아가씨가 당찬 얼굴로 견성암에 왔다. 출가하러 온 아가씨의 밥상을 차려주던 것이 엊그제 같은데, 그렇게 만난 이후 같이 살면서 수행한 지 벌써 9년째(2000년 출가)이다.

절집에 살면서 우리는 '사람이 이렇게 다를 수도 있구나.' 하고 놀란 적이 많다. 개인적인 습성과 성격, 그리고 외모와 식성 등 정말 하나도 닮은 점이 없다. 길고 삐죽하게 생긴 내 모습과는 대조적으로 동글하게 생긴 현현 스님. 자전거를 타도 내가 오른쪽으로 돌면, 현현 스님은 왼쪽으로 돈다. 난 속가 때 짜장은 메뉴판에 없는 걸로 취급하던 짬뽕쟁이였는데, 현현 스님은 짬뽕은 공짜로 줘도 안 먹는 짜장쟁이였다고 한다.

사소한 것 하나, 닮은 점이 없었던 우리가, 이제는 부처님 공부를 같이 하는 소중한 도반이 되었으니, 참 희한한 일이다. 계율에 대한 지견이 같고, 수행에 대한 바른 지적과 격려를 서슴없이 해 주는 도반과 언제나 모든 의구심을 해결해 주시고 늘 지켜봐 주시는 선지식과 함께 사는 나는, 이 세상에서 제일 행복한 사람이다.

동굴 이야기

스님께서 이곳 맥전골 동굴로 들어오신 것은 1994년도의 일이다.

태백산에서의 3년을 마지막으로 모든 것을 훌훌 털어버리시고, 『능엄경』과 『법화경』 두 권만 바랑에 넣어 지리산 화개골로 들어오신 것이다. 아무 연고도 없는 화개골짜기에 들어서서, 지나가던 사람에게 수행할 만한 동굴이 있느냐고 물어보니, 누군가가 이 마을을 일러주어 여기까지 오시게 되었다. 마을 어귀에 도착하셨을 때는 해가 어둑어둑 저물어가고 있었는데, 마을 입구에 있던 사람에게 동굴이 어디냐고 물어보니, 산중턱을 가리키며 저기쯤이라고 해서, 그 말에 곧장 산으로 올라가서 동굴을 바로 찾으셨다고 한다.

예전에 스님과 함께 그 동굴을 찾아간 적이 있었는데, 사실 그 곳을 한 번 만에 찾아가는 것은 거의 불가능에 가까운 일이라 생각된다. 말이 좋아 동굴이지, 한마디로 휑하게 뚫려 있는 바위틈이라고 해야 할 것이다. 비오면 비가 새고, 여름이면 모기들과 벌레들이 달려들고, 겨울이면 칼바람이 불어 살이 에이는 곳. 보통 사람들은 하루 밤 지내기도 힘든 그런 곳에서 3년을 수행하셨다니….

그래도, 그 때 스님께서는 진정으로 자기 자신에게 의지하고, 부처님의 가르침인 경전에 의지하며 지극하게 공부를 지어나갈 수 있어서 너무나 행복했다고 하셨다. 첫 1년 동안은 미숫가루만 드셨는데, 모든 일들이 순리대로 뜻대로 되어 갔다고 하셨다. 그 때 스님을 뵈었었던 현현 스님은, 잘 씻지도 못하신 스님의 몸에서 냄새가 나기는커녕 얼굴에선 빛이 났었다고 한다.

스님께서는 왜 동굴로 들어가신 것일까? 언젠가 그 이유를 여쭈어 보니, 더 이상 바깥의 선지식에 의지할 수 없었기 때문이라 하셨다.
출가하시고 나서, 여러 곳의 선지식을 찾아 오랫동안 행자생활을 하셨는데, 그 중에 한 분이 부산에 계시는 큰스님이었다. 스님은 그 곳에서 3년 동안 지극정성으로 시봉하며 공부를 하셨는데, 참선에 대해 많은 것을 배우셨으나, 아쉬움이 있어 결국은 그 곳을 떠나셨다고 한다. 어른스님께서는 비록 마음의 근본자리에 대해서는 한 치의 흔들림 없는 법을 가지고 수좌들을 잘 제접하셨으나, 제자들을 근기 따라 끌어올리는 방편에 있어서는 스님의 마음을 채울 수 없었다고 한다.
그 다음으로 3년 동안 스님께서 수행하셨던 곳은 태백산에 있는 법화도량이었는데, 그 당시에는 태백산 도인이라 하여 전국에 소문이 난 도량이었다. 태백산 선지식은 신통력이 있어 방편적인 측면에서는 뛰어나신 분이셨지만, 계율과 견해가 바르지 않아 결국엔 많은 사람들을 미혹하게 하는 면이 있었다고 한다. 물론 그 곳에 계시는 동안의 수행도 뼈를 깎는 일이었다. 태백산의 추운 겨울을 밤 12시부터 4시까지 바깥에서 꼼짝 않고 참선하시면서 간절하게 공부하셨음에도, 선지식에 대한 스님의 마음은 여

● 정봉 스님께서 3년 간 수행하셨던 동굴 입구.
말이 좋아 동굴이지 횅하게 뚫려 있는 한 평도 채 안 되는 바위틈이다.

전히 채워지지 않으셨다고 한다.

이렇게 방방곡곡의 선지식들을 뵙고 모시며 가르침을 구했지만 결국 어디에도 의지하지 않고 오로지 자기 자신을 선지식으로 삼고 부처님의 가르침에 의지해서 간절하게 수행해야겠다는 생각에 택하게 된 곳이 바로 이 지리산이었던 것이다.

3년 동안의 동굴수행을 마치고 회향하시던 날, 스님께서는 과거에 크나큰 원력을 세우셨듯이, 세세생생 오로지 중생을 위하고 부처님 은혜 갚는 일만 하시겠다고 재차 서원을 세우셨다.

그리고 그 첫 장엄으로 자그마한 복조리를 준비하여, 여기 화개골의 저 안쪽 마을부터 끝 마을까지, 이른 새벽에 불 켜진 집마다 하나씩 던져주셨다. 쌀에서 돌을 골라내듯이, 모든 사람들이 삼독의 돌을 골라내고 자비심을 가꾸어 가기를 간절히 기원하시면서….

두 번째 장엄으로, 『능엄경』을 불사하여 인연 따라 돌리셨다고 한다. 스님께서는 항상 수행자는 『능엄경』의 가르침대로 늘 실천 수행해야 한다고 강조하셨다.

세 번째 장엄으로, 손수 팔각 연등을 만들어 이웃 목압 마을 집집마다 등불을 밝혀주시고, 쌍계사에서 칠불사 쪽으로 올라오는 대로에 대형 연등을 달아, 이 등불을 보는 모든 사람들이 부처님 정법에 들어 깨달음을 얻기를 발원하셨다고 한다.

동굴에서 세우신 스님의 원력처럼, 우리들이 수행하는 도량뿐만이 아니라 부처님 공부를 하는 모든 수행처가 '반야의 지혜와 자비의 방편'을 갖춘 터전이 되어, 모든 수행자들이 원만하게 불도를 이루기를 바래본다 (스님께서는 이 글을 통해, 묵묵히 동굴 수행에 도움을 주신 분께 감사의 말씀을 전해드리고 싶어 하셨다).

회향하는 삶

산 밑에 사니, 가을이 참 짧게 느껴진다. 가을에 들어서기 전부터 겨울준비를 시작한다. 덧창문도 달아 보고, 흙벽인 곳에는 벽도 둘러친다. 이 담벽은 현현 스님 토굴 앞에 쌓은 것이다. 온갖 폐품을 버리지 않고 함께 쌓아올렸더니 멋진 작품이 되었다. 스님께서 정성껏 쌓으신 담을 한 걸음 물러나서 보니, 당신께서 살아오신 삶이 마치 이 담과 같다는 생각이 들었다.

스님께서는 함양에서 태어나셨다. 어릴 때, 하늘을 쳐다보고 우주의 끝을 생각하거나, 일념으로 몰입해서 죽음에 대해 생각을 하면 곧잘 선정에 드시곤 했다. 어릴 때부터 세상일을 빨리 마쳐야 원하는 공부를 할 수 있다는 생각을 늘 가지고 계셨다고 한다. 중학교를 졸업할 때쯤 되어서 당신께서는 '세상일을 빨리 해 마쳐야겠다.'는 생각을 행동으로 옮기셨다.

스님께서 고등학교에 진학하지 않고 제일 먼저 찾아간 곳은 동네 이발소였다. 동네사람들은 잘 나가는 의사 아들이 이발소에서 일하고 있는 것을 참 이해하기 어려워했다고 한다. 그러나 스님의 아버지는 묵묵히 스님의 길을 허락하셨고, 때로는 이발소에 찾아와 아들에게 머리를 깎고 가셨다고 한다. 어린 나이였지만 칼을 갈고, 면도를 하고, 이발을 하는 것을 야

무지게 배우셨다. 그리고 이발소 일을 다 배우자 또 다른 일을 배우기 위해 먼 길을 떠나셨다.

고향을 떠나 스님이 찾아가신 곳은 군산 영동이었다. 그 곳에서는 양복점에서 일하셨는데, 스님이 제일 먼저 일어나 가게 문을 열고, 가게 앞을 물청소하고, 가게 정리를 끝내고 나서 한 숨 돌리면, 그 때서야 다른 가게들이 문을 열기 시작했다고 한다. 셔터 문을 올리려면 늘 주인이 자고 있는 방 앞을 지나가야 했는데, 스님이 너무 부지런했던 탓에 아침 일찍 문을 열려고 조용히 방 앞을 지나가면 방안에서 잠을 자던 가게 주인이 "얘야, 아직 어둡다. 좀 더 자다가 나와라." 하며 오히려 스님을 말렸다고 한다.

이렇게 이발소, 양복점으로 시작해서 어렸을 때부터 온갖 세상일을 경험하셨지만, 스님의 특징은 한 곳에 오래 머무르지 않으셨다는 것이다. 매번 새로운 직업을 갖게 될 때마다, 그 일을 다 배우면 곧바로 미련 없이 다른 직업을 찾아 떠나셨다. 그래서 스님이 세상에서 배우신 일은 참으로 다채롭다. 이발에서부터 재단과 바느질, 신발공장, 가방공장, 비옷공장, 장미농장, 보험회사, 버스운전, 택시운전, 트럭운전 등등. 또 절집에서도 10년 넘게 행자로만 살면서 후원일, 절집 살림, 농사, 나무하고 집짓는 일까지 안 해 본 일이 없으셨으니….

처음 지리산에 와서 스님 밑에 살면서 사실 속으로 놀란 적이 한 두 번이 아니었다. 바느질은 거의 혀를 내두를 수준이시고, 음식도 너무 잘하시고, 미장부터 목수일, 전기공사, 꽃꽂이에 이르기까지 못하는 일이 없

● 플라스틱 병과 각종 폐품을 활용한 현현 스님 토굴 벽 담장. 플라스틱 병은 풀 벌레들의 보금자리로 분양해 주기도…

으셨다. 그러나 스님께서 그렇게 만능으로 뭐든지 척척 다 해내시는 것이 이 세상을 뼈아프게 살아본 나머지라는 것을 뒤늦게 알았을 때는, 부모 밑에서 호강하며 세상 어려운 줄 모르고 커온 내 자신이 참으로 부끄럽게 느껴졌다.

스님께서 젊은 나이에 군대에 갔을 때, 군대 사수가 스님의 손을 잡아보 더니, 젊은 사람이 무슨 고생을 했기에 손이 이렇게 엉망이냐고 스님 손을 잡고 울었다고 한다.

이렇게 세상을 뼈아프게 살아보셔서인지, 스님께서는 세상 사람들의 마음을 너무나 잘 헤아리신다. 그리고 그 사람의 마음에다 그 사람에게 꼭 맞는 불법佛法의 인因을 심어주시니, 참으로 거룩하시다는 생각이 든다. 가끔 당신이 살아오신 이야기를 들려주시면서 이렇게 말씀하신다.

"사람들 머리 깎아주고, 옷 만들어주고, 차로 태워다 주고…. 그래도 내가 세상에서 한 일은 다 사람들을 이익 되게 한 일인 것 같다."

자신이 쌓은 선근공덕을 다시 되돌려 모든 중생이 깨달음을 얻게 하는 것이 회향廻向이라면, 스님께서 세상을 살아보신 만큼 그 회향은 더욱 크고 값지다는 생각이 든다. 젊은 시절 하루에 몇 시간밖에 못 주무시면서 낮에는 일하고 밤에는 수행하셨던 당신의 삶을, 정말로 발끝만큼이라도 닮아가고 싶다.

쥐 밥

스님께서는 우리 홍서원 뒷산에 있는 동굴에서 수행하시는 3년 동안 미숫가루만 드셨다. 그런데 동굴에 너무 습기가 많아서 눅눅해 질까 봐 미숫가루를 늘 비닐에 싸서 꽁꽁 묶어 두셨다고 한다. 하지만 그런 미숫가루를 어김없이 찾아내는 동물이 있었으니, 그것은 바로 쥐! 얼마 없는 미숫가루를 귀신같이 찾아내서 꼭 비닐을 쏠고 미숫가루를 먹고 갔다고 한다.

첫 한 해 동안 스님께서는 당신의 유일한 양식인 미숫가루를 지키기 위해 쥐와 눈에 보이지 않는 전쟁을 벌이셨다고 한다. 미숫가루를 깊숙한 곳에 숨겨보기도 하고, 몇 겹으로 싸보기도 하고…. 그러나 결국 다음해부터 스님께서는 쥐와 공존하는 법을 터득하셨다. 가을이 되면 산에 나는 열매들을 모아다가 겨울이 되면 쥐에게 공양을 올린 것이다. 공양시간이 되어 미숫가루 봉지만 열면 그 냄새를 맡고 어김없이 등장하는 쥐. 당신 손에 모아둔 열매들을 올려놓고 기다리면, 쥐들은 손에 올라와 그 열매들을 맛있게 먹었다고 한다.

그 뒤 동굴에서 내려오셔서 지금 이곳 홍서원 토굴에 사시면서도, 아직까지도 쥐 밥을 주신다. 첫 한 해 동안 미숫가루가 아까워서 제대로 주지 못했던 것에 대해 '미안한 마음이 들어서'라고 하신다.

스님께서 쥐 밥을 놓아두시는 장소는 다름 아닌 세면실. 우리 세면실은 돌로 된 담벼락에 칸을 쳐서 만들었는데, 그 돌 틈 사이에 쥐가 살고 있다는 것을 아신 다음부터 그 곳에다 쥐 밥을 주시고 있다. 가끔은 쥐를 노리고 뱀이나 고양이가 세면장에 나타나기도 하지만, 아직까지는 영리하게도 잘 버티며 스님께서 주시는 밥을 먹으며 잘 살고 있다. 과자나 쌀, 콩 등을 섞어 주면 쌀 한 톨 흘리지 않고 열심히 나른다. 그리고 밥이 똑 떨어졌을 때, 참을 만큼 참다가 도저히 못 참을 때가 되면, 우리가 쓰는 빨래비누를 살짝 긁어 놓고 간다. 쥐는 참 영리한 동물이다. 하루에 한번은 꼭 쓰게 되는 비누에다가 알아볼 수 있을 만큼의 표시를 해서 자신의 배고픔을 알리니 말이다.

개미, 쥐, 고양이, 새, 심지어 지나가던 동네 개들까지 모두 한솥밥을 먹고 사니, 우리 도량은 대중이 참 많다고 해야겠다. 살림살이가 그리 넉넉하지는 않지만 나누고 보니 더욱 넉넉해지는 마음, 나눌수록 더욱 커지는 것이 우리의 마음이다.

● 쥐 밥그릇

● 밥그릇이 비었을 때 서생원이 살짝 긁어 놓은 비누

● 밥 때를 기다리는 홍서원 손님

풀 먹는 고양이

공양시간이 되면, 공양간 바깥에는 이미 손님들이 와 있다. 주린 배를 채우기 위해 채식을 마다않고 기다리는 손님들…. 언제나 내부의 서열을 완벽하게 지키면서, 침착하고 끈질기게 현현 스님이 밥 주기를 기다린다. 된장과 남은 반찬에 기름을 약간 쳐서 싹싹 비벼주면, 한 번씩 멋들어지게 꼬리를 깔딱거리면서 '야~옹'이라고 고마움의 표시를 한다. 간혹 새끼를 낳은 들고양이는 자식들을 데리고 와서 '홍서원 식당에서 밥 먹는 법'을 전수해 주곤 한다. 호박, 김, 당근, 감자, 미역, 버섯…. 육식을 좋아하는 고양이가, 여기까지 와서 한참을 기다려 먹는 게 야채뿐이라, 보고 있으면 좀 안타깝기도 하지만, 그래도 와서 허기라도 달래고 가니 고맙기도 하다. 이 인연공덕으로 다음에는 꼭 사람 몸을 얻어, 불법을 만나게 되길 바래본다.

개미에게 손톱을

우리 도량에서 손톱을 깎을 때는 원칙이 있다. '날씨가 좋은 날에는 마당에서 깎되, 손톱의 크기를 잘게 나누어 깎는다.'가 바로 그것인데, 그 이유는 다름이 아닌 개미에게 우리의 손톱을 주기 위해서이다. 자신의 몸집보다 몇 배가 큰 손톱을 아주 의기양양하게 물고 가는 모습을 보면 나도 모르게 절로 웃음이 나온다. 비가 오는 날에는 손톱을 모아다가 비가 들이치지 않는 길에 놓아둔다. 작은 손톱이나마 내 몸의 일부를 누군가에게 나눠줄 수 있다는 것만으로도 가슴 한편이 그득해지는 느낌이다.

내가 처음 이 곳에 왔을 때, 마당에는 바위가 참 많았다. 지금은 거의 다 치워진 상태이지만…. 마을 사람들은 매일 돌과 씨름하시는 스님께 포크레인 불러서 치우라고 말하곤 했다. 하지만 스님께서는 한사코 마다하시며, 지렛대를 이용해서 손수 그 큰 바위들을 굴리셨다. 사람들은 영문도 모른 채 "저 스님은 매일 돌하고 논다."고 했지만, 스님께서 포크레인을 부르지 않고 손수 돌을 옮기신 이유는 바로 개미 같은 작은 생명들 때문이었다. 아무래도 기계로 땅을 파고 뒤적이면 수많은 생명체가 죽기 쉽다. 스님께서는 당신이 아무리 힘들고 어려워도, 늘 바위에 붙은 개미를 입으로 후~ 불어가면서, 때로는 개미들이 이사할 때까지 며칠을 기다려 가면서, 때로는 개미들에게 먹이를 주어가면서 그렇게 손수 돌을 옮기셨던 것이다.

스님 방에는 개미들의 천국이 있다. 여닫이 문틀이 바로 그 곳이다. 스님께서, 언젠가 먹을 것을 찾아 돌아다니는 개미들을 보고, 그 문틀에 먹이를 놓아주어 개미들의 길을 터주셨다. 개미가 방안에 돌아다니면 사람들에게 밟힐 염려가 있기 때문에 사람들의 발길이 닿지 않는 구석에다 먹이를 일부러 주신 것이다. 그러면 개미들은 먹이를 찾으려 방의 이곳저곳을 헤맬 필요가 없고, 우리들은 개미 밟을 염려를 하지 않아도 되니, 양쪽이 다 좋아진 것이다.

더구나 가장 먹이가 없는 장마 기간이 되면 스님들이 잊지 않고 제일 좋아하는 손톱부터 딱딱한 콩까지 주니, 개미들은 이런 선물에 많이 익숙해진 듯 밤새는 줄 모르고 열심히 나른다. 끊임없이 쪼개고 나르는 개미를 보면서 스님께 여쭈었다.

"스님, 이 세상에 개미가 없었으면 누가 이 죽은 벌레들을 치우겠어요. 그죠?"

"그래, 개미가 바로 지장보살이지. 우리가 깨어있는 의식으로 이 세상을 바라보면 이 세상은 온통 베풂으로 이루어져 있다는 것을 알 수 있단다. 꽃도, 저 밭의 오이도, 흘러가는 물도, 모두 다 자신을 다른 존재에게 베풀고 있거든. 오직 사람만이 자신의 탐욕에 빠져서, 진리의 흐름에 동참하지 않는 이들이 있지. 그러나 그런 사람에게서, '반야의 지혜'와 '자비의 방편'이 발현됐을 때, 참으로 위대한 보시의 행을 할 수 있단다."

많은 사람들이 반야의 지혜와 자비의 방편으로, 다른 생명체와 서로 어울려 공존하고 나누는 기쁨을 느껴봤으면 한다. 왜냐하면 아무리 작은 생명체라도 죽기 싫어하고, 고통 받기 싫어하고, 행복하길 원한다는 점에서 우리와 동등한 생명이기 때문이다.

집안에 있는 파리, 모기, 개미와 함께 살지 못하고 살충제를 뿌려 죽인다면 내 안의 자비심은 자꾸 줄어들고, 생명을 죽게 한 과보로 다음 생에 병약한 몸을 받게 되니, 생명을 살리는 일이 결국 나를 살리는 일이 된다는 점을 꼭 기억했으면 한다.

약이 된 독버섯

　　　　　　　　　　몇 년 전, 개인적으로 몸이 많이 아팠을 때, 불보살님께 다음과 같은 기도를 드린 적이 있다.

"과거 생에 제가 지은 업으로 지금 이렇게 몸이 아픈 것이라면, 제 곁에 목숨 바쳐 믿고 의지하는 선지식이 계시고, 인과법과 부처님에 대한 믿음이 확실한 지금 이때에, 제가 받을 업장을 미리미리 다 받아서 몸의 병을 스승삼아 공부 잘하여, 중생을 이익 되게 하여 지이다."

그 기도가 이루어졌는지, 2006년 5월 우리에게는 엄청난 일이 일어났다.

그 날은 비가 온 뒤였는지라 도량청소를 하였는데, 무심코 마당을 지나다가 버섯을 발견하였다. 우리 도량에는 늘 그때그때 필요한 약초가 적당하게 났었기에 독버섯이라고는 추호도 의심하지 않았다.

"스님, 여기 버섯이 있어요!"

스님께서는 처음에는 "못 먹는 버섯이다. 그냥 나둬라." 하시더니 내가 직접 따서 보여드리자, 먹어보자고 하셨다. 생긴 것이 꼭 느타리 같은 게, 결을 따라 찢으니 향긋한 송이 냄새가 났다. 그날 저녁 우리는 그 버섯을 볶아 남은 밥에 비벼먹었다.

밥 먹은 지 몇 분이 지나자, 현현 스님이 다리에 힘이 풀린다면서 구토를 하기 시작했다. 혹시나 하는 생각에 독버섯에 해독작용이 있는 약초를 찾으려고 책을 뒤적거리다가 같은 증세를 느끼고 나 역시 구토를 하였다. 그 때까지 스님께서는 웃으시면서, 녹차를 한잔 타서 우리에게 마시라고 건네주셨다. 그러나 우리는 녹차를 조금 마셨는데도 상황이 호전되지 아니하고, 온 몸이 굳어지고 호흡에 장애가 오는 등 증상이 더 악화되기 시작하였다.

그 때 마침 아시는 분이 차를 스님께 한동안 맡겨놓던 때였는데, 부랴부랴 스님께서는 그 차에 우리를 태워 토굴에서 30분 거리에 있는 읍내 병원으로 향하였다. 병원까지 가는 동안 정말로 몸이 내 몸 같지가 않았다. 몸은 굳어가면서 감각이 없어졌고 목까지 뻣뻣해지면서 숨쉬기가 점차로 곤란해졌다. 그 때까지도 스님께서는 별다른 반응이 없으셨는데, 우리를 쳐다보시며 간절하게 말씀하셨다.

"지금이 공부하기 제일 좋은 때다. 철저히 깨어서 지켜봐라. 사람은 누구나 죽음을 겪어야 한다."

병원에 도착하자 그 때부터 스님께도 증상이 나타나기 시작했다. 사실 스님께서는 드신 것을 토하지 않으셨기 때문에, 우리보다 독성이 더 깊게 퍼졌으나 우리들 걱정 때문에 당신 몸은 잊으신 채 읍내까지 운전을 하고 오신 것이다. 그러나 그날은 선거 공휴일이라 병원도 응급실만 운영되고 있는 상황인데다 응급실에 와서 우리가 들은 말은 더더욱 기대를 저버리게 했다.

"독버섯에는 해독약이 없습니다. 아마 독이 몸에 퍼지면 간이 제일 먼저 손상이 되고 그러면 눈이 점점 안 보이실 겁니다. 군내 의료원에 가면 해독제가 있을지 모르겠습니다."

의사와 간호사는 세 명 중에 제일 증상이 심해 보이는 나에게 링거주사를 놓고, 위세척까지 했지만, 별반 도움이 되지 않았다. 그래서 결국 읍에서 30분을 더 가야 하는 큰 병원까지 구급차를 타고 가기로 했다.

구급차를 타고 가기 전, 갑작스레 호흡이 가빠지고 증상이 더 심해짐을 느낀 나는 링거주사를 빼고 차에 탔다. 그러나 간호사는 끝까지 따라와서 구급차에 올라탄 나에게 새로운 링거주사를 꽂아주었다. 상태를 설명할 겨를도 없이 구급차는 요란스럽게 사이렌 소리를 내며 전속력으로 의료원으로 달리기 시작했다. 급기야 그 의사 말대로 간에 충격이 크게 왔는지 시야가 어른거리기 시작했다. 링거주사의 성분이 무엇인지 내 몸은 불이 붙는 것 같아 참기가 힘들었다. 결국 급하게 링거주사를 빼버리고 구급차 안에서 우리는 서로를 물끄러미 바라보았다. 버섯을 땄던 나는 죄책감이 너무나 컸고, 두 스님에게 죄송하다는 말밖에 할 말이 없었다.

그러나 그 때, 달리는 구급차 안에서 어느 누구도 스스로의 죽음에 대해서는 눈곱만큼도 걱정하는 마음이 없었다. 다들 서로에 대한 걱정만이 가득해서, 상대방을 위로하고 걱정하며 토닥여주고 있었다. 잠시 침묵이 흐르고 있을 때 우리들은 너무나 또렷이 깨어있으면서 마음이 편안하고 행복했다. 몸의 감각이 사라지면서 몸의 존재를 잊었다. 그리고 죽음이라는 것이 이런 것인가를 생각하게 했다. 두려움이라고는 조금도 없었다. 참 이상한 일이었다.

군내 병원에 도착했을 때 우리를 태우고 왔던 구급차는 어느새 가버리고, 미리 전화를 받았던 간호사들이 들 것을 준비하고 마중 나왔다. 그러나 구급차에서 미리 전화로 확인해 본 결과, 이곳 역시 해독제가 없었고 별다른 대책 또한 없어보였다. 이렇게 무작정 입원하는 것은 죽음에 대해 아무런 대책 없이 스스로를 내맡겨야 할지도 모르기에, 그렇게 끝낼 수는 없는 일이었다. 모든 것을 포기하고 출가하지 않았는가. 독버섯이라니…. 어이가 없었다. 그저 남은 정신으로라도 스스로를 돌아보고 싶을 뿐이었다. 그래서 우리는 응급실에 들어가지도 않고, 병원 앞의 벤치에 기대앉아 당황해 하는 간호사에게 이렇게 이야기 했다.

"그냥, 돌아갈 게요…. 조금만 더 지켜보고 싶어요. … 저기… 물 좀…주시겠어요."

그 때는 목이 타들어 갈듯해 물 생각만 간절했다. 간호사들은 기가 차다는 표정을 지으며, 물 몇 컵을 건네주었다. 우리는 잠시 정신을 가다듬어서 여러 가지 생각을 했다.

'우리가 믿음이 좀 더 견고했더라면, 이렇게 일들을 벌이지 않았을 텐데…. 그냥 우리 토굴에서 공부를 하면서 죽음을 맞이할 수 있었을 텐데….'

결국 우리는 가까스로 지나가던 택시를 잡아타고, 차를 세워두었던 읍내 병원으로 향했다. 죽더라도 토굴에 가서 죽음을 맞이하기로 결심한 것이다. 몸은 이미 조절기능을 잃었고 눈은 아른거려 사물이 제대로 보이지 않았지만, 그래도 마음은 참 홀가분했다. '이것이 죽음이구나.' 이런 상황에서 이런저런 일들이 떠올려진다고 하던데, 특정한 사람도 특정한 사건도 떠올려지지 않았고, 그저 마음은 풍선처럼 가볍고 편하기만 했다. 단지 불보살님께 이렇게 기도를 했다.

'어떠한 상황이라도 받아들이겠습니다. 그리고 만약 저희가 살아나면, 부처님 일만 하다가 가겠습니다.'

날은 이미 저물어 어둑해졌고, 우리는 택시를 타고 다시 읍내 병원 주차장으로 돌아왔다. 그리고 우리가 읍내병원에 세워두었던 차를 타고 다시 토굴로 향했다. 사실 내 몸 상태를 미루어 보건대, 스님께서 다시 운전을 해서 화개의 토굴로 간다는 것은 말 그대로 불가능에 가까웠다. 눈에 이상이 온 탓에 길이 세 갈래, 네 갈래로 보이고 방향감각 또한 상실했기 때문이다. 그러나 우리는 알 수 없는 믿음이 있었다. 결국 스님께서는 초인적인 힘으로 우리를 태우고, 몇 번을 헤매시다가 캄캄한 밤이 다 되어서야 토굴로 돌아왔다.

법당 방에 와서 앉으니 하염없이 눈물이 쏟아지기 시작했다. 그렇게 눈물을 흘리기는 처음이었다. 생각해 보니, 내가 버섯을 발견한 것도, 간호사들이 나에게 억지로 주사를 놓고 위세척을 한 것도 다 내가 받아야 할 업보였던 것이다. 눈물이 앞을 가리는데, 가슴 깊숙이 참회가 일어났다. 스님께서는 내 손을 꼭 잡으며 말씀하셨다.

"그 버섯을 함께 먹은 것은, 우리가 같이 겪어야 할 공업이 있기 때문이다. 오늘밤은 잠을 자서는 안 된다. 큰 믿음을 가지고 이 법당 방에서 다 같이 참회기도 정진을 하자."

스님께서는 밤새도록 불법을 설해 주셨다. 인과응보이니 업보는 비켜가기 어렵다는 법문을 들으면서, 우리는 2시 30분까지 깨어 있었다. 그리고 여느 때와 같이 도량석을 할 시간이 되자, 몸을 추스려 도량석을 하고 늘 하듯이 예불을 보았다. 날이 밝아오자 죽음이 우리를 비켜간 것을 느낄 수 있었다. 참으로 긴 하루였다. 버섯을 먹은 저녁부터 다음 날 새벽까지…. 몇 겁이 흐른 듯했다.

아침이 되자 우리는 죽을 한 수저 뜨고, 윗 토굴에 사는 스님, 그리고 윗토굴에 잠시 공부하러 왔던 스님과 함께 예정되어 있던 불일폭포 산행을 하였다. 온 몸과 두 다리에 힘은 없었지만, 약속을 지키기 위해 그렇게 산행까지 갔던 것이다. 산 중턱에 이르자, 스님께서 웃으시면서 그 두 스님께 이야기하셨다.

"사실, 우리 어제 밤에 용맹정진 했어요. 밤을 꼬박 새우고 죽음 앞에서 철저히 깨어있는 공부를 했거든요."

구급차 안에서 다른 사람들이 걱정할까 봐, 핸드폰을 꺼내시다가도 몇 번을 망설이시던 스님 모습이 생각난다. 화개로 오는 차 안에서 스님께서는 이렇게 말씀하셨다.

"우리는 아직 할 일이 남아서, 계속 중생세계에 머물러야 한다. 원력으로 사는 삶이 결코 이렇게 허망하게 끝나지 않는다."

스님 믿음대로, 우리는 결국 살아남아서, 이렇게 부처님 원력의 삶을 살아가고 있다.

그 날 그 독버섯을 먹은 공덕으로 많은 업보가 해결되고, 부처님에 대한 믿음은 더욱 견고해지고, 스님과 우리의 마음은 더욱 하나가 되고, 죽음에 대해 공부할 수 있는 소중한 기회를 가졌으니, 역시 우리 도량에 나는 것은 약초 아닌 것이 없나보다.

뒤에 스님께서는 이때의 일을 언급하시면서 다음과 같이 말씀하셨다.

"우리가 그 때 구급차를 타고 가면서, 자신의 죽음에 대해서는 걱정하지 않고 상대방에 대해서 걱정했던 공덕으로 우리가 살아난 것이다. 위급한 상황에서도 자신은 돌보지 않고, 오로지 상대방을 위해 자비심을 발현하는 것을 보고, 나는 '너희들이 죽지 않겠구나' 하고 생각했단다."

나는 이 일을 계기로 자비심이 목숨보다 더 위대하다는 것을 새삼 느낄 수 있었다.

모과나무에 피어난 연꽃

　　　　　　　　　　우리 도량에 있는 모과나무에 꽃이 피었다. 원래 모과 꽃은 작아서 눈에 잘 띄지 않는데, 올해는 모과 꽃이 말 그대로 흐드러지게 피어서 달콤한 향기가 바람에 실려 온다. 특히나 우리들에게 모과 꽃향기가 더욱 감동으로 다가 오는 데에는 이유가 있다. 사실 이 모과나무는 스님께서 십여 년 전에 심으신 모과 씨가 자란 것이기 때문이다.

　스님께서는 도량을 가꾸실 때, 씨앗을 잘 심으시는 편이다. 도시에 자란 나로서는, 어느 세월에 저 조그만 씨앗이 큰 나무가 될까 하고, 괜스런 조바심을 내어보기도 하지만 이 도량에서 지낸 지난 7년을 뒤돌아보면, 해마다 무성해지는 여름을 보면서 마음 한 편으로 경이로움을 느낀다.

　스님께서는 당신의 향기를 맡고 찾아오는 분들에게도 늘 그 가슴 가슴마다 불법의 씨앗을 심으신다. 많은 분들이 처음에는 환희로운 마음으로 그 씨앗을 받아가지만, 조금씩 인연의 고리가 느슨해지면서 '오랫동안 싹을 틔우지 못하는 분들'이나 '자랄 듯 말듯 애태우는 분들'이 있기 마련이다. 그분들을 옆에서 지켜보는 우리들이 속상해 하고 조급한 마음을 내서 걱정을 할 때마다, 스님께서는 늘 웃으시면서 말씀하신다.

● 토굴 마당에 핀 모과꽃

"걱정하지 마라. 무량수 무량광이니, 무량한 원력으로 살면 된다. 너희들은 몰라도, 나는 아주 먼 훗날까지 내다본다. 이번 생에 어려운 사람도 있다. 하지만 우리가 심은 불법의 씨앗은, 다음 생, 다 다음 생에라도 반드시 싹을 틔우게 되어 있다. 중요한 것은 불법의 바른 인을 심어주는 것이다.『법화경』에 보면, '부처님께서 일대사 인연으로, 이 세상에 나셨다'고 하셨다. 일대사 인연이란, '본래 생사가 없다'는 것, '우리가 본래 부처다'라는 진리를 전해주러 오신 것이다. 그러한 바른 인因만 심어주면, 우리가 할 일은 다 한 것이다."

모든 불사 중에 가장 뛰어난 불사는 '사람 불사'이다. 모든 이들이, 귀한 불법의 씨앗을 가슴에 심어 부처님처럼 위대한 자비와 지혜의 꽃을 활짝 피운다면 얼마나 좋을까.

보리심의 등불을 밝혀요

　　　　　　　　　　　　　　작년 봄 초파일이 다가오던 어느 날, 스님께서 연잎을 비비자고 하셨다. 인연이 닿은 사람들을 다시 한 번 가슴에 새겨, '중생 구제'의 큰 원을 연등에 담아 보기로 했다. 법당 앞에는 큰 연등을 달아 우리의 원력을 다시 새기고, 조그만 컵 연등에는 인연 닿는 사람들의 이름을 올려놓았다.

　스님의 법문을 들으면서, 연등을 만드는 시간은 그 자체로 행복한 시간이었다. 스님께서는 웃으시면서 이렇게 말씀하셨다.

　"나는 속가 때부터 돈 받고 하는 일은 늘 하기가 싫었다. 그냥 내 마음 가는 대로, 도와주고 싶어서 하는 일은 정말 신나게 했다. 우리도 등 값 받고 연등 만들려면, 정말 힘들어서 못 할 거다. 내가 달아주고 싶고, 축원해 주고 싶어 하는 일이니 얼마나 신나는 일이고…."

　수행관이 지어지기 전에는, 토굴 법당 방에 옹기종기 모여앉아 스님의 법문과 함께 플라스틱 병과 표주박을 재활용하여 연꽃등도 만들고 구석구석 도량청소도 하던 게 초파일을 맞는 전부였다. 그래서 이곳을 찾아오시거나, 예전부터 스님을 알고 계시는 분들이 초파일을 전후하여 가끔씩 이렇게 물어보시곤 한다.

"그 절에도 연등 답니까?"

그러면, 스님께서 웃으시면서 늘 하시는 대답이 있다.

"우리 절은, 매일 매일이 초파일입니더. 고마, 큰 절 가서 등 다이소."

스님께서 이렇게 말씀하셔도, 몇몇 분들은 법문 들으러 오셔서는, 등 안 달아도 좋다고 하시면서, 살짝 불단에 보시금을 올리고 가시던 기억이 난다.

그동안, 여러 인연으로 스님께 찾아와서 법문을 듣고, 삶에서 조금씩 보리심의 새싹을 키우고 계신 분들이, 모두 '부처님 오신 날'을 맞이하여, 늘 행복만이 가득한 삶을 사시기를! 또한 이 세상 모든 존재들이 마음의 등불을 밝혀 지혜와 자비의 축복을 받기를! 일체 중생이 보리심을 발하고 생사에서 해탈하여 모든 고통을 여의어서 대열반락을 얻기를! 다시 기원해 본다.

● 토굴 법당의 표주박 연등

우리가 밥을 먹는 이유

'어떤 음식을 먹느냐'만큼 중요한 것은 '왜 먹는가'이다. 자신의 마음동기가 오로지 진리와 중생에 대한 연민심으로 이루어진 사람에게는 밥 먹고, 똥 싸는 일상의 모든 행위가 보살행이 될 수 있다. 원효 스님과 혜공 스님이 물고기를 잡아먹고 다시 물고기를 살려낸 이야기도 있는데, 우리는 과연 우리가 먹은 음식을 얼마만큼 방생할 수 있을까? 우리가 먹는 음식들이, 우리 마음의 연금술로 부처가 되기도 하고 자신만을 위한 욕심이 되기도 한다. 오늘 하루도 현현 스님이 이 더운 여름에 땀 흘리며 만들어낸 음식들이 부디 일체 중생에게 회향될 수 있도록, 간절한 마음으로 다시 '홍서원 공양게'를 새겨본다.

홍서원 공양게

오늘도 간절한 일심으로 이 공양을 올리오며,
오늘도 간절한 일심으로 이 공양을 받습니다.
부디 한 생각 한 생각, 미혹에서 벗어나서,
한 수저 한 수저 부처되어,
일체 중생에게 회향되어 지이다.

● 만족할 줄 모르는 탐욕의 과보로 태어나는 배고픈 귀신들의 세계

홍서원의 가을 소식

여름과 가을에 걸쳐 끝없이 꽃을 피우던 마당 가득 금잔화와 코스모스 덕에, 도량 여기저기 벌과 나비들이 날아들었다. 태풍에 이리저리 쓰러진 모습이 다소 너저분하게 보여도, 이렇게 무성하게 꽃들을 많이 키워둔 이유는, 벌과 나비들에게 마음껏 보시하기 위해서다. 이름 모를 아름다운 나비들과 꿀벌, 호박벌, 벌새들이 날아드는 가을이 되면 우리의 마음도 덩달아 넉넉해지곤 한다.

그러나 가을이 깊어짐에 따라, 제법 찬 가을바람에 벌들은 힘없이 떨어지고, 개미들도 서둘러 땅 속에 숨어버리기 시작했다. 공양간 앞에서 웅크리고 있는 고양이들을 볼 적마다 새삼 겨울이 오고 있음을 느낀다. 이렇게 아침저녁으로 쌀쌀한 바람이 불 때면 인간으로 누리고 있는 혜택이 고마우면서도 미안한 마음이 더 많이 든다. 올 한 해, 수행자로서 마음농사는 잘 되었는지 다시금 돌아보게 된다.

배추벌레와 벌레용 텃밭

어김없이 올해도 작년처럼, 조그마한 텃밭에 배추농사를 지었다. 물론 예년처럼 벌레용 텃밭 또한 만들었는데, 올해는 벌레용 텃밭에 배추 일곱 포기를 심었다. 벌레가 발견되면, 진언을 해 주면서, 조심스레 벌레용 텃밭으로 옮겨주는 일과가 시작된 것이다.

사실 배추 농사를 지어본 사람은 벌레들이 얼마나 배추를 좋아하는지 알 것이다. 그러나 우리는 그 벌레들에게 농약을 뿌리지 않는다. 건강상 유기농 배추를 먹기 위해서가 아니다. 벌레도 우리와 같은 생명이기 때문에 차마 농약을 뿌려 죽이지 못하는 것이다. 하지만, 배추 잎을 반이라도 건지기 위해서는 농약 대신 다른 방법을 강구해야 했다. 그래서 결국 우리가 선택한 것은 벌레들을 위해 따로 무와 배추를 심는 것이었다.

● 왼쪽은 스님들이 드실 배추, 오른쪽은 벌레용 배추. 그물망이 되어버렸다.

밭의 한쪽 구석에다, 벌레용 채소를 가꾸고, 그 곳으로 벌레들을 살짝 들어서 옮기는 방법이었다. 너무 작은 벌레는 옮기려고 손으로 집으면 몸에 상처가 나기 때문에 제대로 커서 제법 통통해질 즈음 아주 조심스럽게 들어서 옮겨 주었다.

사실, 강제이주를 시키면서 마음이 그리 편하지는 않았다. 아무리 먹을 것이 제공된다고 하더라도 벌레가 선택한 일이 아니었기 때문이다. 그러나 차선책일지라도, 인간과 다른 생명들과의 공존을 모색해 보고 싶었다. 우리 텃밭의 경우, 크기도 아담하고, 경제적 이윤관계에 얽매이지 않아 가능했던 것이기도 하다.

처음에는 하루에 스무 마리 이상 발견되는 날도 있고 해서, 과연 일곱 포기의 배추로 견뎌낼 수 있을까 내심 걱정이 되기도 했었다. 배추벌레들의 식성이 너무 왕성하면 벌레용 텃밭을 좀 더 넓혀야겠다는 마음으로, 아침마다 고이 잠든 배추벌레를 깨워 미안한 마음으로 조심스레 옮겨 주었다.

그런데 우리의 우려와는 달리, 그 많은 벌레들이 배추속잎은 절대 파먹지 않으면서, 아주 얌전하게 바깥 잎부터 먹어 들어오기 시작했다. 처음에 100포기를 심었으니 100에 일곱 포기만 보시를 하면, 벌레를 죽이지 않고도 방생하면서 배추를 키우는, '나도 살고 벌레도 사는 일'이 가능해진 것이다.

언젠가 『오대산 노스님의 인과 이야기(과경 엮음, 정원규 옮김, 불광출판사 발행)』를 보니, 농사짓는 불자가 있었는데 차마 농약으로 살생을 할 수 없어 농약 대신 '신묘장구대다라니'를 49번 독송한 물을 살포하셨다고 한다. 이 바쁜 세월에 무슨 꿈같은 이야기냐고 할지 모르지만, 불자로서 자비심을 내어 여러 방편을 강구하고 실천하는 것은 매우 큰 공덕이 된다고 생각한다. 농약을 뿌릴 수밖에 없는 상황이라면 벌레들에게 적어도 3일 전에 미리 알려주고, 농약을 살포할 때도 부처님의 명호나 진언을 지극정성으로 해 보면 어떨까?

우리가 부처님의 자비로운 마음을 닮아가기 위해 지극하고 간절하게 마음을 내면 낼수록, 아주 작은 미물이라도 반드시 서로의 마음이 통하게 되어 있기 마련이다. 항상 우리의 정성이 부족하고 간절함이 부족해서이지 다만 잘 몰랐다고 해서, 파리, 모기라고 해서, 개미나 바퀴벌레라고 해서, 살생을 당연시 여겨서는 안 되는 것이다. 그 어떤 존재도 죽기 싫어하며, 그 어떤 존재도 죽어 마땅한 목숨은 단 하나도 없다. 내가 인간으로 누리는 이번 생의 혜택들을 부디 인간의 오만으로 누리지 않고, 일체 중생의 해탈을 위해 회향할 수 있기를 간절히 바래본다.

● 벌레용 배추가 추운 겨울을 이기고 아름다운 꽃을 피워냈다.

지네는 이불을 좋아해

밤 2시쯤 뭔가 따끔한 느낌이 들어서 잠을 깼다. 눈을 떠보니 작은 귀뚜라미 한 마리가 벽에 붙어 있었다. '귀뚜라미가 물었나?' 하고 피식 웃었는데, 잠시 생각을 해 보니 경험상 지네일 것 같다는 느낌이 들었다. 그래서 이리저리 이불을 들춰봤더니, 빨강 다리를 넘실대면서 한 뼘이 넘는 지네가 기어 나왔다. 놀란 지네는 내 방의 불단 뒤로 기어가는데, 순간 고민이 되었다.

'내가 꼭 저 지네를 잡아서 방 밖으로 내보내야 하나?'

한 평도 안 되는 방에서 도량석 목탁이 울릴 때까지 앉아 생각했다.

'내가 임의로 내 방이라고 생각하고 있었을 뿐, 지네에게 내 방이라고 강요할 필요는 없는 것 아닌가? 다 내 업보 따라, 인연 따라 물리는 것인데 그냥 받아들이자.'

결국 지네는 지네대로 나는 나대로 살기로 하였다. 내친 김에 지네가 포도를 먹던 모습을 본 기억이 나서, 조그만 접시에 포도를 담아 방에 놔두었다. 내 방에 온 손님에게 최상의 안락함을 제공하고 싶었다. 그리고 어젯밤은 혹여 지네가 따뜻한 이불 속에 들어왔다가 이리저리 움직이는 나에게 놀랄까 봐, 정신을 가다듬고 누워 있자니 용맹 정진이 따로 없었다.

지네 덕에 밤새 많은 공부를 한 셈이다.

　몇 년 전에 스님 방 창문에 벌이 집을 지은 적이 있었다. 그 해 겨울, 스님께서는 차마 벌통을 떼버리지 못하시고, 결국 덧창문을 닫는 것을 포기하고 겨울을 나셨다. 보통 집 같으면 그럴 수도 있는 일이겠지만, 여기저기서 찬바람이 들어와 살을 엘 정도의 환경인지라 한 칸 토굴의 덧창문은 사실 어마어마한 방패막이가 된다. 덧창문을 닫아도 코끝이 시린 방에서 덧창문을 포기하셨던 스님….

　올해도 스님 방 앞에 벌들이 집을 지었다. 순하고 늘씬한 벌들이 방충망에 의지해서 집을 지은 것이다. 여름 동안 스님께서는 망창에 꿀을 발라주시기도 하고, 그릇에 꿀을 담아 벌집 근처에 매달아 놓기도 하셨다. 지금도 부지런히 애벌레를 위해 집을 짓는 벌들. 아마 올해도 스님께서는 덧창문을 포기하시지 싶다.

　어제 저녁, 해우소에 갔던 현현 스님이 한참이 지나서야 나왔다. 겨울을 앞두고 목숨 걸고 달려드는 가을모기들 덕에, 하는 수 없이 배부르게 다 먹고 갈 때까지 기다렸다가 나오는 길이란다. 우리의 가을도 익어가는 열매처럼 함께 영글어 가는 듯했다.

나는 웃음을 배웠다

스님의 어린 시절, 동네 어르신들께 늘 들으셨던 말이 하나 있다. 그것은 바로, "니는 뭐가 그리 좋아서 맨날 웃노?"라는 말이었다.

7년이 넘게 스님 밑에서 공부하면서, 스님께서 웃음을 잃으신 적이 있었던가 싶을 정도로 보기 힘들었다. 돌아보면 스님께서 몸이 많이 안 좋으실 때도 항상 웃으시기에 눈치 채지 못한 일도 많았다.

지난번에 조그마한 공사를 하다가, 포크레인 기사가 스님 발을 포크레인 삽으로 내리치는 일이 생겼다. 옆에서 일을 돕던 우리는 너무나 놀라서 허둥지둥 스님께 다가갔는데, 정작 스님께선 발을 이리저리 보시더니 오히려 놀란 우리들을 위로하셨다. 병원에 엑스레이 찍으러 가시면서도 놀라고 미안해서 어쩔 줄 모르는 포크레인 기사 아저씨를 위로하시면서, "부처님 공부하는 중은 다쳐도 크게 다치지 않으니까 너무 걱정하지 마이소."라며 미소를 지으셨다.

결국 병원에서 돌아오셔서도, 제일 먼저 포크레인 아저씨에게 전화를 거셔서 "뼈에 아무 이상 없다고 합니더. 제 말이 맞지예." 하시면서 또다시 웃으시는 분이 바로 스님이시다.

병원에서 돌아오신 그 날 저녁, 낮 동안의 일을 정리하고 법당 방에 모인 우리들에게 스님께서 질문을 던지셨다.
　"반야심경에 보면, 오온이 모두 공한 것을 알아서 모든 고통을 제도했다고 하는데, 공성空性을 깨달은 사람의 몸에 고통이 있겠나, 없겠나?"
　우리들이 각자 답을 하니, 스님께서는 한 가지 이야기를 해 주셨다. 예전에 스님께서 동굴에서 수행하실 때의 이야기였다.

　어느 날 스님께서 동굴 앞의 감나무 잎을 조금 따려고 감나무에 발을 디디셨다가, 비온 뒤 물기에 젖은 나무에 미끄러져 곧바로 몇 십 미터 높이의 낭떠러지로 떨어진 일이 있으셨다. 절벽에서 떨어진 충격으로 스님께서는 갈비뼈가 부러져 숨도 제대로 쉴 수 없는 상황이었기에, 떨어진 채로 꼼짝도 못하고 그대로 누워서 몇날 며칠을 계셨다고 한다.
　"만일 그 때 옆에 사람들이 있고, 내가 병원에 실려 갈 수 있는 그런 상황이었다면, 오히려 더욱 고통을 느꼈을지도 모른다. 그러나 아무도 도와 줄 사람도 없고, 정말 어찌해 볼 도리가 없어서, 혼자서 그렇게 누워있을 수밖에 없었는데, 정말로 마음이 그렇게 편안할 수가 없더라. 그리고 며칠을 밤낮으로 누워있으니 상처가 저절로 아물어서, 기어서 동굴로 돌아왔다."
　그러시면서, 당신 방 창문에 붙은 글귀를 손으로 가리키신다.

　과연 기댈 곳이 있는가? 있다면 죽어라!

"정말, 아무 데도 기댈 곳이 없다면, 고통도 존재하지 않는다. 그것이 공성空性이다. 진정으로 공성을 깨친 사람은, 오직 중생에 대한 참을 수 없는 연민심뿐이어서, 그들의 고통만을 생각하는 삶을 살게 된다."

정말 그랬다. 당신께서는 단 한번도, 당신 몸이 아프다고 다른 사람에게 걱정을 끼치는 일이 없으셨다. 이래저래 일을 하시다가 손이 베이고 머리에 상처가 나서 피가 철철 흘러도, 그냥 가만히 지혈만 하시고는, "야, 내 업보가 하나 또 날아갔다. 억수로 속이 시원하다."고 하시면서 웃으시곤 하셨다.

이런 스님 밑에서 몇 년을 지내다 보니, 내 몸이 아프다고 해서 갑자기 얼굴에 웃음을 잃거나 침울해 지거나 새침해 지는 내 자신을 볼 때마다, 참으로 부끄러운 마음이 들기 시작했다. 스님께서 말씀하신 대로, 항상 웃는 본래 행복한 그 마음이 바로 우리가 부처님을 닮아가는 마음인데, 이러저러한 이유로 그 행복한 마음을 지니지 못한다면 내가 수행한다고 어찌 감히 말할 수 있겠는가.

가끔은 스님의 발끝이라도 따라잡고 싶어서, "힘드나?"라고 물으시면, 내가 할 수 있는 최대한의 미소를 머금고 "아니요."라고 대답을 해 본다. 언제쯤이면, 어떤 상황에서도 항상 다른 사람을 먼저 생각하는 그런 보살이 될 수 있을까. 〈보살의 37 수행법〉에는 이런 게송이 나온다.

삶이 빈곤하여 언제나 사람들이 무시하고,
중병과 마장에 휩싸이더라도,
또다시 중생의 고통을 내가 받아,
좌절하지 않는 것이 보살의 수행입니다.

나 또한, 위대하신 불보살님들과 현존하시는 스승님들의 크나크신 마음을 닮아, 모든 중생들의 의지처가 되고, 그들의 고통을 덜어주는 이 길을 당당하게 가고 싶다.

풍성했던 추석

우리가 경주에서 지리산으로 돌아온 것은 2006년 3월 말쯤이었다. 그 때부터 우리는 예전에 보조지눌 스님께서 공부하셨던 불일암까지 매일 산행을 하기로 하였다. 4월 초 어느 날, 늘 그렇듯이 불일암으로 산행을 갔는데, 불일평전에서 캐나다에서 온 두 젊은이를 만났다. 아직도 날씨가 제법 쌀쌀했는데, 두 사람은 불일평전에서 야영을 했다고 했다. 이런저런 이야기가 오간 끝에 우리 토굴까지 같이 내려와 점심을 먹었다.

● 절집에서 버린 나무들을 모아다가 스님들이 손수 만든 최초의 게스트하우스 앞에서 추억을 남긴 할든과 에밀리.

알고 보니 두 사람 모두 수행에 관심이 많았다. 수행을 위해 채식을 한다는 할든과 에밀리. 캐나다 토론토 출생으로, 할든의 경우 대학 학자금 융자를 갚기 위해 진주에서 영어선생님을 하고 있다고 했다.
  그날 반찬이라고는 고소간장과 된장국이 전부였지만, 참 맛있게들 먹었다. 식사가 끝난 후 불교에 대해, 참선에 대해 이야기를 나누고 다섯 명이 모여앉아 함께 참선도 하였다.
  그리고 한참 뒤, 언젠가는 불일암에 올라가니, 할든이 혼자 우리를 기다리고 있었다. 할든은 스님이 되고 싶다고, 출가에 대해 궁금한 것을 우리에게 묻기 시작했다. 그 날, 스님께서는 할든에게 마음의 진정한 출가에 대해 법문을 해 주셨다. 음욕심을 자비로 승화시키는 것이 수행의 핵심이라는 것, 본래 우리가 부처라는 큰 믿음이 수행의 올바른 첫 걸음임을 말씀해 주셨다. 이심전심이라 했던가? 스님의 눈을 바라보던 할든의 눈에서 눈물이 핑 도는 것을 보았다. 그는 나에게 "가슴이 터질 것 같고, 머리가 날아가 버린 것 같았다."고 그 때의 느낌을 표현하였다.

  그리고 긴 추석연휴를 앞두고 다시 할든과 에밀리에게서 메일이 왔다. 추석 전날 이곳에 오고 싶다며, 할든은 곧 출국한다고 했다. 두 사람에게 화개에서 내려 택시를 타고 오라고 했는데, 그냥 걸어서 올라왔다. 아주 큰 가방에 쌀과 여러 가지 공양물을 둘러매고 결코 짧지 않은 길을, 결코 평탄하지만은 않은 언덕길을 걸어왔던 것이다.
  에밀리는 계약기간이 남아서 진주에서 계속 영어선생님을 하고, 할든은 중국, 동남아를 거쳐 대만으로 간다고 하자, 스님께서는 '영원한 것을 추구하는 것이 이 공부'라는 법문을 해 주셨다. 바깥세상의 여행은 영원하지 못한 것이지만, 영원함을 추구하는 내면으로의 여행은 돈이 한 푼도 들지 않는다고 말씀하시자 할든이 웃으면서 명심하겠다고 했다.

추석 전날 저녁 우리는 할든과 에밀리를 위해, 송편도 만들고 윷놀이도 하였다. 스님께서는 추석날 새벽 예불은 자율적으로 하라고 하시면서 두 사람을 배려해 주셨다. 그러나 새벽 2시 40분이 되자, 할든이 조심스럽게 법당에 나타났다. 할든은 정성스럽게 절을 하고, 천수경도 드문드문 따라 하였으며, 참선도 지극하게 했다. 그 날 새벽 할든은 예불에 참석한 공덕으로 귀한 법문을 들었다.

"진리는 본래 여여하기에, 우리는 이 연기緣起의 세상에서 잘 사는 법을 배워야 한다. 우리가 계율을 소중히 지키고, 보리심과 자비심을 내는 것은 바로 이 연기의 세상에서 세세생생 날 적마다 복락을 누리는 길이다."라는 스님의 말씀을 가슴에 새기는 할든의 모습이 참으로 거룩해 보였다.

이날 점심에는 또 다른 먼 데서 찾아오신 손님들과 함께 공양도 같이 하고, 다 같이 칠불사에 가서 어른스님께 인사도 드리고 운상선원에도 가보았다. 그리고 해가 질 때쯤 되어 터미널에서 우리는 아쉬운 작별을 하였다. 두 사람은 현현 스님에게 두 손 모아 합장하면서, 오늘 점심은 자신들이 먹은 최고의 음식이었다고 찬탄을 하였다. 현현 스님이 할든에게 "다 같이 부처되는 길을 가자!"고 하니, 할든은 한 수 더 떠서, "본래 부처라는 것을 늘 자각하고 살겠다."고 하였다.

  보내는 내내 한참을 손 흔들어도 아쉬움이 접어지지 않았던 두 사람, 우리가 동국대를 그만두지 않았더라면 만나지도 못했을 두 사람, 언어와 인종을 넘어 진리의 인연으로 엮어진 소중한 만남이었다. 할든이 여기 홍서원을 '마음을 치료하는 병원'이라고 말한 것만큼, 두 사람 모두 마음의 문제들을 해결하고 행복의 씨앗을 받아갔다. 할든과 에밀리, 우리를 만난 인연으로 불법의 인因이 심어져 늘 행복하고 만족하고 넉넉한 삶을 살기를…. 그리고 생사해탈하여 영원한 대자유인이 되기를 간절히 바래본다.

능엄 스님에게

출가할 때 말 한마디, 편지 한 장도 남기지 않고 출가한 것이 엊그제 같은데, 벌써 7년째라니 참 세월이 빠릅니다.

내가 출가했을 때, 능엄 스님은 군대 생활을 하고 있었지요. 군대 휴가 받고 견성암으로 찾아왔던 모습이 아직도 눈에 선합니다. 견성암에 다녀간 뒤, 여러 가지 고민이 담긴 편지를 보내 왔을 때, 현현 스님이랑 의논해서 스님과 인연을 맺게 해 준 일은 참으로 잘 된 일이라고 생각합니다. 스님께서는 능엄 스님의 편지를 받아보시고, 그렇게 긴 편지는 난생 처음 받아보았고, 그렇게 긴 답장(9장) 또한 난생 처음 써보셨다며 가끔 웃으시며 말씀하십니다.

제대하고 그 젊은 나이에 하고 싶은 일, 만나보고 싶던 친구들도 참 많았을 텐데, 그걸 다 마다하고 시골에 계시는 할머님만 찾아뵙고 지리산으로 곧장 달려온 것을 생각하면, 지금 생각해도 참 대견합니다. 지리산에서 스님과 함께 생활하면서, 불법에 대해 배우고, 또 그 더운 여름에 현현 스님과 내가 살게 될 토굴을 짓느라 두 분께서 땀 흘리신 것을 생각하면, 아직도 미안하고 고마운 마음이 가득합니다. 그 때 신심 있게 행자 생활하던 모습은 많은 사람들에게 감동을 주었답니다.

　능엄 스님, 스님께서 법명을 지어주신 뜻대로, 지금까지 계율을 가벼이 여기지 않고, 늘 정진하려고 애쓰는 모습은 출가 선배이자 속가 누나인 나에게도 참 귀감이 되었던 적이 많습니다. 지리산에서의 행자생활을 마치고, 나중에 큰절에 가서 다시 행자생활을 하고 있을 때, 우리가 스님을 만나러 갔었지요. 지리산에서 우리가 춥게 지낸다고, 미안한 마음에 자기 방의 보일러를 잠그고 냉방에서 살았던 능엄 스님. 춥디추운 겨울날 밤늦게까지 법당에서 기도하느라 얼어서 피고름이 터져 엉망이 되었던 손을 보고 가슴이 아팠습니다.

　그렇게 신심 있게 잘 살다가, 큰절에 찾아온 자칭 도인이라는 어떤 사람과 만나면서, 점점 정지견이 아닌 방향으로 빠져, 숱한 고생으로 힘들어하는 모습을 지켜보며 많은 걱정을 했었지요. 스님께서는 모든 것이 전생에 잘못 맺어진 인연의 소치라고, 꼭 겪고 넘어갈 일이라고 하시면서 시간이 지나면 다 잘 해결되어서 몸과 마음이 더욱더 성장할 것이라고 믿고 기다리셨지만, 사실 전 애가 좀 많이 탔었습니다.

　그래도 이렇게 세월이 지나, 능엄 스님이 다시 마음을 내어 이번 여름에 이렇게 홍서원을 찾아오고, 결국 삿된 가르침과 정법을 구분할 수 있는 안목을 다시 기를 수 있었으니 참으로 다행이라는 생각을 합니다.

　능엄 스님! 3년이라는 시간이 어찌 보면 아주 큰 시간낭비였다고 생각할 수도 있지만, 스님의 원력과 행이 깊어질수록, 스님의 경험은 앞으로의 수행과 중생제도에 큰 밑거름이 될 것이라고 생각합니다. 그 시간이 있었기에, 능엄 스님도 더욱 확고한 정지견으로 수행할 수 있게 되었으니까요.

속가 가족들이 변해가는 모습을 보면, '참으로 부처님의 법이 이렇게도 위대하구나!'라는 생각을 합니다. 나의 길을 따라 함께 출가해서 정진하는 능엄 스님과, 결혼해서도 불법의 가르침을 놓치지 않으려고 애쓰는 속가 동생과 반려자 정인 보살님, 그리고 속가 부모님, 모두 다 고마울 따름입니다.

저희를 따라 고기는 물론 오신채도 안 먹고 채식을 하는 속가의 동생에게 친척들이 그렇게까지 할 필요가 있느냐고 물어봤을 때, "누나와 동생이 모두 출가해서 수행하는데, 내가 도움이 되지는 못할지언정 방해가 돼서야 되겠습니까? 저는 그런 이유로 채식을 합니다."라고 말했다는 소식을 들었을 때는 가슴이 뭉클해지는 것을 느꼈습니다.

소중한 인연으로 맺어진 속가 가족들과 그리고 함께 출가수행의 길을 걷는 능엄 스님, 이렇게 불법의 인연으로 회향하게 되어서 제 마음이 얼마나 기쁜지 모릅니다.

능엄 스님! 이 길을 같이 가주어서 고맙습니다. 정말 고맙습니다. 우리 이제, 지금까지도 그러했던 것처럼, 앞으로도 서로의 수행에 귀감이 되며, 그렇게 진실 되게 살아갔으면 합니다. 언제나 믿고 지켜봐 주시는 스님과 어려울 때마다 늘 함께 고민해 주는 현현 스님이 있으니, 우리는 더 부러울 것이 없는 형제입니다.

세세생생 날 적마다 원력을 놓치지 않고, 항상 서로를 출가수행의 길로 이끌어 줄 수 있는 도반으로 맺어지기를 간절히 바랍니다.

2006. 여름, 천진 합장

● 능엄 스님이 다시 돌아온 날, 정봉 스님께서 기뻐하시며 직접 찍어주셨다.

어머니의 편지

천진 스님, 능엄 스님에게
천진, 능엄 두 스님 너무나 예뻐서 눈물이 납니다.

천진 스님!
속가에서 대학 다니실 때, 화장 한번 안 하고, 치마 한번 안 입고, 항상 짧은 헤어스타일에, 생각도 남과 다르고, 개성이 강하고 평범하지 않던 천진 스님께서 출가하기 전에는, 항상 인생의 이상적인 목표를 찾아 헤매며 힘들어할 때, 그저 지켜볼 수밖에 없는 속가의 부모로서는 무척 애가 타기도 했습니다만, 스님이 되신 후에는 길 잃고 헤매던 아이가 자기 집을 찾아간 것처럼, 저는 마음이 너무너무 평온합니다.
감사하고 또 감사합니다.

그리고 유별나게 잔정이 많은 능엄 스님!
능엄 스님은 막내라서 항상 보고 싶고, 생각만 하면 눈물이 나고 목이 멥니다. "엄마, 나는 사람 사귀는 것을 제일 좋아해서 문과로 가겠어요." 그렇게 말했는데도, 취직이 잘 된다는 이유 하나로 강제로 대학을 이과로 진학시켰지요. 그게 항상 마음에 두고두고 걸립니다. 지금에 와서 그 때를 생각해 보면 미안한 마음 금할 길 없습니다. 속가의 엄마를 이해해 주세요.

평소에 "엄마, 나는 커서 예쁜 여자하고 연애도 하고, 결혼도 해서 아빠도 되고, 아빠처럼 그렇게 살고 싶다."고 하던 능엄 스님이었는데….

군 생활을 하면서 부처님 공부를 열심히 하더니, 출가하시기로 마음속으로는 이미 결정해 두고, 출가하기 전날 밤 늦게 엄마 방에 불도 켜지 않고 들어와서 잠자고 있는 엄마 어깨를 주물러 주면서 꼭 출가하고 싶다고 울먹이면서, 깊은 이해를 해 주기를 바랐을 때 이미 천진 스님이 출가한 상태에서 막내까지 출가할 줄은 정말 꿈에도 생각하지 못하였습니다. 그러나 속가의 부모는 인연 따라 가는 길 막을 수가 없었습니다.

두 분 스님은 훌륭하신 정봉 은사스님의 가르침을 받으면서, 현현 스님과 더불어 부디 불법공부 열심히 하셔서 큰스님 되실 줄을 믿고 있습니다. 저는 천진 스님과의 약속대로 아침마다 108염주로 기도하고 있습니다.

"남은 생을 맑은 정신과 건강한 몸으로 부처님 공부를 열심히 해서 성불할 수 있도록 간절히 기원합니다."라고 큰소리로 기도하고 있습니다.

감사합니다. 감사합니다.
감.사.합.니.다.

수정현 합장

모기야, 내 피 먹고 성불해라

　　　　　　　　　　　푹푹 찌는 삼복더위 속에서, 올 때보다 무척이나 밝아진 얼굴로 7일 기도를 회향하게 된 아남이와 향수. 일주일 전, 기도해 보겠다고 이곳을 올 때만 해도 108배를 해 본 적도 없던 향수였고, 우리와는 처음 기도를 해 보는 아남이였는데, 어느새 환한 얼굴로 마지막 대참회절을 하고 있었다.

　새벽 2시 30분이면 일어나서, 5시 반까지 예불과 기도, 참선을 끝내고 아침 죽공양을 마치면, 연이어지는 108대참회 기도, 또 아침 9시와 오후 3시가 되면 선풍기 바람도 없는 조그만 법당에서 땀을 비 오듯이 흘리면서 또 108대참회 절을 하고, 틈틈이 반야심경 사경하고, 아침저녁으로는 스님께 법문 듣고…. 이렇게 보낸 지가 벌써 7일째이다. 3시 기도가 끝나자 기도 회향 기념으로 동네 분들에게 수박공양도 올리고, 자신들이 사용했던 이불과 좌복도 깨끗이 빨래해 놓았다.

　그러나 두 사람은 이런 공식적인 기도 말고, 일상에서 더 많은 것을 배우고 느꼈던 것 같다. 자기가 깎은 손톱을 개미에게 보시하면서, 매일 조금씩 과자를 잘게 부수어 개미에게 주면서, 사정없이 달려드는 모기들에게 자신의 피를 기쁜 마음으로 주면서, 마음속에서는 모든 생명의 존귀함과 보시할 수 있음의 감사함과 자비의 마음이 싹트는 듯했다.

  무엇보다도, 인과에 대한 법문을 듣고부터는, 두 사람은 이제 어떤 어려움이 닥치더라도 철학관에 가서 물어보는 그런 무지한 행동은 하지 않을 것이다. 오히려 어려움 속에서 스스로의 마음을 다스리면서, 더욱 참회하는 쪽으로 마음을 돌이킬 힘이 생겼다. 결국 자신의 마음을 항상 순수하고 선하게 하는 것이 업보의 엉킨 실타래를 풀고, 운명을 바꾸고, 이 세상을 행복하게 사는 유일한 길임을 자각하게 되었기 때문이다.

  아침에는 죽 한 그릇 먹고, 점심에는 밥 든든히 먹고, 저녁에는 국수나 미숫가루를 먹어가며, 하루 종일 절해서 무릎이 쑤시고 온몸은 땀으로 범벅이 되어도, 늘 행복해 하는 두 사람의 웃는 얼굴이 참 해맑아 보였다.

  아남아, 향수야, 늘 그렇게 족하고 행복한 마음으로 많은 사람에게 베풀면서, 당당하게 살기를 바란다.

호떡과 국화

스님께서는 예전에 동굴에서 수행하실 때, 낡은 점퍼에 다 떨어진 바지를 입고 수염은 가득 기르고 동굴에서 사셨는데, 미숫가루만 조금 드시고 사셔서 몸무게가 15kg이나 빠져 빼빼 마르셨다고 한다.

가끔씩 산 여기저기에 버려진 쓰레기를 한 자루씩 주워 모아다가 쌍계사 입구 주차장 쓰레기장에 버리시곤 하셨는데, 그 당시 쌍계사 입구에는 가게를 하던 젊은 새댁 보살이 있었다. 하루는 스님께서 늘 그러하시듯 쓰레기를 모아서 한 곳에 버리고 계셨을 때, 그 가게 보살이 얼른 호떡을 사 가지고 와서 스님께 공양을 올렸다고 한다. 그 때, 스님의 모습이 참으로 남루하여서 모든 사람들이 무시하거나 거지취급을 했었는데, 그 보살님만이 마음을 내어 스님께 공양을 올렸다고 한다. 그 따끈따끈했던 호떡은 스님께서 화개골에 오신 이래로 처음으로 받았던 공양이었던 것이다. 스님께서는 저렇게 마음이 착한 사람은 꼭 잘 살 것이라는 확신이 드셨기에 좋은 말씀을 해 주셨다고 한다.

그 때 젊은 새댁 보살님은 가게를 계속 해야 할지 그만두어야 할지 고민이 많은 상황이었는데, 스님의 법문을 듣고는 힘들어도 젊을 때 고생은 값진 것이라 생각하고 가게를 계속 하기로 하였다고 한다. 그래서 지금까지 15년 동안 가게를 돌봐 오신 보살님. 가게를 하면서 만나게 되는 사람들에게 인생을 배우면서, 때로는 좋은 이야기를 건네주면서, 틈틈이 불교 책도 보아가면서, 그 때 스님의 확신대로 잘 살고 계신다.

어제는 스님께서 하동에 나갈 일이 있으셨는데, 쌍계사 입구에서 버스를 기다리다가 그 가게 보살님을 만나셨다. 보살님은 스님께서 돌아오실 시간을 물으시더니, 스님 오시는 걸음에 이곳을 처음으로 방문하셨다. 그저 다른 절처럼 그럭저럭 살 것이라고 예상했던 보살님은, 정말로 헌 나무들로 지어진 작디 작은 토굴들을 보시고 적잖이 충격을 받으신 것 같았다. 그리고 조그만 법당에서 차를 마시면서, 스님께서 10여 년 전의 호떡 이야기를 꺼내시자,

"전 그 때, 스님 법명도 모르고, 그냥 '쓰레기 줍는 스님'이라고 알았어요. 오늘 여기 오니까, 뭐랄까 마음이 아주 찡하면서도 행복하네요."라고 웃으신다.

그리고 보살님은 불단에 올리라고 하면서, 스님 돌아오시는 시간에 맞춰 미리 주문했던 가을 국화를 한 아름 공양 올리고 돌아가셨다. 보살님의 예쁜 마음이 복이 되라고, 작은 토굴방의 각 불단마다 아름다운 국화 공양이 올려졌다.

어려울 때 만난 친구가 진짜 친구라고 했던가. 정말 보잘 것 없고 누추한 이들에게 보시를 베푸는 것은 참으로 넉넉한 사람만이 할 수 있는 것이다. 잘 나가는 사람 앞에서는 굽신대고, 뒤에서는 시기 질투하는 것이 보

통 사람들의 마음이기에, 사람관계에 계산 놓지 않고 정말 순수한 마음으로 따뜻하게 베푸는 것, 참으로 아름다운 일이 아닐 수 없다.

>찬 서리에 꽃을 피워낸
>가을 국화의 진한 향기처럼,
>이른 봄 매화꽃의 진한 향기처럼,
>모든 이들의 마음이 아름다워지기를.

● 천진 스님, 현현 스님, 덕우 행자님(출가 전의 법명은 금강심)의 미소가 아름다워…

나의 허공을 자비로 숨 쉬게 하라

새벽 2시 40분. 어김없이 현현 스님의 목탁소리로 홍서원의 하루가 시작된다. 알람이 금지된 이곳에서는 오직 자신의 '깨어있는 마음의 시계'로 일어나야 한다. 현현 스님의 도량석 소리에 맞춰, 토굴 방문들이 차례로 열리고 모두들 신속하게 다기 물을 받아서 각 방 부처님께 향과 다기물을 올리고 법당으로 모여든다. 예불이 시작되는 것은 3시, 기도와 참선까지 모두 끝나는 시각은 5시 반이다.

  이 삼동겨울에 이러한 일상에 동참하고 있는 사람이 있으니, 바로 금강심 보살님이다. 벌써 50일이 넘게 차가운 판넬 방에서 꿋꿋하게 버티고 있는 것을 보면, 참 대단하다는 생각이 든다. 어느 날 훌쩍 자신의 일상을 떠나, 여기 지리산으로 내려온 금강심 보살님.

  매일 아침, 예불이 끝나면, 스님께서 꼭 말씀하신다. "자-, 질문!" 우리들의 다양한 질문 뒤에는 스님의 살아있는 법문시간이 이어진다. 오늘 아침에 스님께서 하신 법문은, '나의 허공을 자비로 숨 쉬게 하라'였다.

  "나라는 것은, 죽으면 썩어 문드러지는 이 몸뚱이가 아니다. 우리의 아주 오랜 착각 때문에 몸뚱이와 나를 동일시하는 것이지, 우리는 마치 허공과 같이, 아주 한없이 무한하고 걸림없는 존재다. 내가 이 몸뚱이라고 하면, 얼마나 허망하노. 어느 것과도 자기를 동일시하지 마라. 늘 한 순간도 놓치지 말고, 걸림 없고, 광대하며, 무한한 자신을 자각해야 한다.

그러고 나서, 그 허공과 같은 마음에 오직 자비만 가득하게 해라. 아기를 생각하는 엄마의 간절한 마음이, 붉은 피를 흰 젖으로 바꾸게 하듯이, 그렇게 간절하게, 수행자는 중생을 향해 자비심을 발해야 한다. 오직 자비심으로, 나의 허공을 숨 쉬게 하는 것이다. 나의 허공을 자비로 숨 쉬게 하라. 이해가 되나?"

그리고 그 날 오후, 스님께서는 금강심 보살님에게 글쓰기 숙제를 내주셨다. 글의 제목은 '나의 허공을 자비로 숨 쉬게 하라'였다. 보살님이 적어 온 글을 보니, 그 동안 지장보살 참회기도를 간절하게 해 왔던 마음이 엿보였다. 지금의 간절하고 착한 그 마음이 늘 그렇게 지속되기를 바라며, 금강심 보살님의 글을 조금 옮겨 볼까 한다.

빗방울이 슬레이트 지붕에, 마당에, 나무에
평등하게 떨어지는 오후입니다.
21일 지장기도를 회향하고 처음 맞는 날입니다.
참회진언을 외우며 탑돌이를 하다,
가슴 깊은 곳에서 맺힌 눈물이
또르르 흘러내려 온 날이기도 합니다.
날마다 새 날입니다.

날마다 새 하늘, 새 구름, 새 햇살, 새 마음입니다.
'허공과 같은 마음에 자비와 사랑을 숨 쉬게 하라.'
새벽예불을 하고 명상을 하기 전 스님께서 읊어주신
고귀한 말씀입니다.
명상을 통해 자신의 마음이 허공과 같음을 관하며,
오직 자비와 사랑으로 허공을 채워 숨 쉬며 살아야 하는 것.
그것이 바로 인간의 존재 이유인 것을, 나의 삶의 이유임을,
살며 사랑하며 배우고 있습니다.
지극한 마음으로 삼보에 귀의하며,
계를 목숨처럼 지키며,
끊임없는 수행의 대지 위에,
지혜를 꽃피우겠습니다.
한 생각 돌이키는 것, 한 마음 내리는 것,
도의 길은 먼 곳에 있는 것이 아니라,
바로 여기 지금 이 순간에 있음을.
자기 안에 숨 쉬는 사랑과 자비의 에너지를
발견하고 가꾸어 나감을 놓치지 않겠습니다.
온 존재가 허공과 같은 마음에 자비와 사랑으로 숨쉬기를….
〈2008년 1월. 금강심〉

▶ 2009년 봄, 금강심 보살님은 당당한 출가자가 되어 열심히 수행 정진 중이다.

가장 거룩한 사랑

맥전마을 터줏대감인 검은 고양이가 새끼를 낳았다. 그것도 수행관 옆 빈집 뒷간에.

밤새 어미는 어디로 갔는지 녀석들은 스님의 '야옹' 소리에도 마구 따라 나왔다. 스님께선 한참을 보시더니, 새벽부터 울다 지친 새끼고양이 두 마리를 잠시 데려와, 새벽 예불과 참선시간에 동참시켰다. 사정도 모른 채, 반짝이는 까만 눈동자만 요리조리 굴리던 새끼 고양이들을 손 위에 올려두시고는, 먼 훗날 이 불법의 인이 싹터서 해탈하기를 진정으로 바라시며, 한참 동안 구루진언을 읊어 주셨다.

'옴 아훔 벤자 구루 빼마 싯디 훔…'

● 새끼고양이와 정봉 스님

가장 거룩한 사랑

이 세상에서 가장 거룩한 사랑은
깨달은 분들의 사랑입니다.
세간에서 가장 위대하다고 찬탄하는
어머니의 사랑도,
생사의 그물에 걸리고 말지만,
깨달은 스승의 사랑은
영원한 행복과 영원한 자유를 위한,
일체 중생을 향한 차별 없는 마음입니다.
늘 높은 곳에서 아래로 흐르는 물처럼,
우리는 그 분들의 사랑을 받아 지닐 뿐
그 은혜에 보답할 길이 없습니다.
우리가 겨우 할 수 있는 것이 있다면….
우리도 그분들과 같이,
거룩한 보리심의 마음을 내는 것입니다.

대만에서 온 효정, 효혜 자매

올해로 33살, 30살인 효혜, 효정 자매는 대만에서 왔다. 한국에 오기 전 두 자매는 일본에 잠시 머물렀는데, 어느 유기농 농장에서 함께 일해 주면서 지냈다고 한다. 언니인 효혜 보살님이 먼저 한국에 들어와서 우리나라의 큰 사찰을 많이 둘러보았고, 일본에 남아서 자원봉사를 하던 동생도 언니를 따라 같이 한국에 오게 되었다. 해인사, 통도사, 송광사, 화엄사 등의 큰 사찰을 둘러보고 조금씩 살아본 두 사람.

대만으로 떠나기 전에, 마지막으로 작은 사찰을 둘러보고 싶고, 또 한국의 선사를 만나고 싶다는 생각이 많이 들었단다. 때마침 그 두 가지를 한번에 해결해 줄 수 있는 곳이 있다는 어떤 스님의 말을 듣고 어느 날 무작정 이 곳 지리산, 우리들의 토굴로 찾아온 것이다.

두 자매가 그러한 사정으로 이곳에 오게 되었다는 말을 듣고, 스님께서는 웃으시면서, 선사를 만나면 그 사람이 선사인지 알아볼 수 있겠느냐고 두 사람에게 물으셨다. 효혜 보살님이, "잘은 모르겠지만, 겉모습은 보통 사람과 별다른 게 없어도, 마음은 아주 어린아이처럼 천진한 분이 선사일 것 같다."고 대답했다. 그러자 스님께서는 "마음을 볼 수 있느냐?"고 다시

● 효정 보살님, 천진 스님, 현현 스님, 효혜 보살님

물어보셨고, 두 자매는 스님의 질문에 성심껏 대답을 하기 시작했다. 그리하여, 이렇게 시작한 질문과 대답은, 두 사람이 머무는 2박 3일 동안 계속되었다.

그리고 외국인도 피해갈 수 없는 세 가지 질문이 두 자매에게 던져졌다.

어떻게 하면 영원히 죽지 않을 수 있을까?
어떻게 하면 영원히 고통에서 벗어날 수 있을까?
어떻게 하면 영원히 행복할 수 있을까?

스님께서는, 그 동안 채식을 실천하면서 불법에 귀의하여 선하게 살아온 두 자매를 위해 깊이 있는 법문을 해 주셨다. 특히 스님께서는 돈오頓悟의 인지因地를 제대로 심어주기 위해, 많은 시간을 반야의 공성空性에 대한 법문을 해 주셨다. 두 사람이 어떻게 수행해야 할지 조금씩 방향을 잡아가기 시작할 무렵, 두 사람은 스님께 가슴에 담고 있던 질문을 드렸다.

효혜, 효정 보살님과 대만에 있는 여동생까지 이 세 자매는 마음에 고민이 있다고 한다.

세 사람 모두 불법에 귀의했고 세상살이에 대한 별다른 애착도 없지만, 막상 출가하여 스님이 되기는 어렵다고 한다. 대신 세 사람은 각각 재주가 있는데, 첫째 언니는 음악, 둘째는 다도, 셋째는 꽃꽂이를 잘 하는데, 세 사람은 모두 결혼할 생각은 없고 자신들이 가진 이것을 통해 다른 사람들을 불법에 귀의하게 하고 싶은데, 어떻게 살아야 할지 고민이 된다는 것이다.

스님께서는 처음에 이렇게 법문을 해 주셨다.

"여기 산이 하나 있는데, 맨 꼭대기 정상은 부처님과 같은 깨달음이에요. 모든 수행자들이 이 산을 오르기 시작하는데, 이 산 중간에는 아주 독특한 장소가 있어요. 이곳은 너무나 경치가 좋고 아름다운 꽃들과 폭포가 있어, 많은 사람들이 이곳에 오면 더 이상 위로 올라갈 생각을 하지 못하고 그만 주저앉게 돼요. 이 장소가 무엇인지 아세요? 바로 '예술'이에요. 사실, 두 분이 모두 예술을 통해 사람들을 불법으로 이끌고 싶다고 하지만, 정상에 가보지 못한 사람은 다른 사람들을 깨달음으로 이끌 수가 없어요. 먼저 정상에 올라간 다음, 내려오는 길에 여기에 들려야 해요. 그래야 이곳에서 아름다움을 만끽하면서 올라오는 사람들이 주저앉지 않고 정상으로 올라가도록 해 줄 수가 있는 거예요."

스님의 법문에, 두 사람은 잠시 침묵하더니 다시 질문을 했다.

"그러면, 저희는 지금 하는 일을 포기해야 합니까?"

그러자 스님께서는,

"정상으로 오르는 길에는 수없이 많은 길이 있는데, 빠른 길을 원합니까, 더딘 길을 원합니까?"라고 물으셨다.

두 자매가 "빠른 길을 원합니다."라고 대답하자, 스님께서는, 그저 웃으시면서 마지막 날 법문을 다시 해 주시겠다고 하셨다.

마지막 날 발우공양을 하기 전에, 언니인 효혜 보살님은 자신이 가지고 다니는 '칠현금'으로 스님께 음악 공양을 올렸고, 동생인 효정 보살님은 10년 된 동정 오룡차를 정성껏 달여 차 공양을 올렸다. 스님께서는 효혜 보살님의 연주를 들어보시고 악기를 잘 살펴보시더니, 다음과 같은 비유로 말씀해 주셨다.

"여기 악기를 보면, 악기의 속은 텅 비어있지요. 우리 내면에도 이와 같은 악기가 있어서, 공성空性의 지혜로 자비의 소리를 낼 수가 있습니다. 줄이 너무 느슨하거나 팽팽하면 좋은 소리가 나지 않듯이 효혜 보살님도 내면의 줄을 잘 조율해야 합니다. 그리고 이 악기를 방편의 도구로 삼아, 자신의 내면으로 들어가야 합니다. 위대한 작가는 결국에 붓을 꺾고, 위

● 차 공양을 올리는 동생 효정 보살님

대한 화가는 허공이 결국 캔버스가 됩니다. '소리 없음의 소리'를 들을 수 있어야, 내면의 음악이 완성되는 것입니다. 연주하는 자가 되지 말고 연주하는 자를 지켜보는 자로 철저히 남을 수 있으면, 결국에는, 효혜 보살님 내면에서 본래로부터 연주되고 있는 찬란한 오케스트라를 들을 수 있을 겁니다."

또한 다도를 통해 깨달음에 이르고 싶다는 동생 효정 보살님이 "차를 달일 때, 차와 내가 둘이 아니라고 생각하면 수행에 도움이 됩니까?"라고 스님께 질문을 드렸다.

스님께서는 웃으시면서 또 다시 비유로써 설명해 주셨다.

"머리와 몸통이 본래 둘이 아닌데, 애써 머리와 몸통이 떨어졌다고 생각해서 이것을 어떻게 이을 수 있을지 고민하는 사람이 있다면 어리석다고 하지 않겠어요? 효정 보살님이 지수화풍地水火風 사대로 만들어진 그 몸만이 자기 자신이라고 여기기 때문에 '차 따로 자신 따로'라고 여기는 거예요. 사실, 본래 차와 보살님이 하나입니다. 우리의 착각으로 인해 둘이라고 여기는 것이지, 이 모두가 본래 하나예요. 보살님이 차를 달일 때마다 본래로 둘이 아님을 놓치지 않는다면 바로 그것이 다선茶禪입니다."

그리고 스님께서는, 예술적인 사람들이 비록 세상에 대한 욕심이 별로 없고 많은 가능성들을 가지고 있지만, 결국 스스로를 다스리지 못해서 깨달음으로 향하기 어렵다고 말씀하시면서, 예술가가 예술을 통해 자신의 의식을 끌어올리려면, 반드시 계율을 잘 지녀야 한다고 마지막 당부를 하셨다. 두 사람은 스님의 법문을 통해 해결되지 않았던 문제들이 풀어지자,

함박웃음을 지었다. 두 사람이 환희심으로 대만에 돌아간 뒤, 스님께서는 다음과 같은 말씀을 해 주셨다.

"간절하게 물으면, 꼭 얻어가는 것이 있다. 두 사람이 다 채식을 하면서 착하게 살고, 평생을 불법에 귀의하겠다고 원을 세운 인으로, 좋은 인연이 된 것 같구나."

앞으로 대만에 돌아가면, 절에서 살면서 불법에 헌신하고 싶다는 효정과 효혜. 어느 곳에 살든지 본래로 늘 행복하고, 문제없는 그 마음을 잘 써서 스님의 가르침을 놓치지 않고 살기를 간절히 바래본다.

● 두 사람이 몰래 남기고 간 감사의 그림

【제2장】

세상 사는 이야기

로또에 당첨되면 제일 먼저 할 일

로또에 당첨되면 제일 먼저 할 일은, 아이러니하게도 그 돈을 전액 기부하는 것이다. 로또에 당첨되어서 그 이후로 행복하게 살았다는, 그런 이야기 들어본 적이 있는가? 이런 이야기는 들어 봤을 거다.

'복권에 당첨된 ○○씨 해외로 도피, 도박으로 가산탕진.'
'복권 당첨 후 배우자와 돈 문제로 이혼, 친척들과 싸움 나.'

불교적으로 보면 복권에 당첨되는 것은, 몇 생에 걸쳐 받을 복을 한꺼번에 당겨 받는 것과 같다. 다른 말로 하면, 이제는 더 이상 받을 복이 없다는 것이다. 그래서 그 사람에게 남은 일은 그 돈을 누릴 수 있는 복이 없기에, 싸움, 불화, 불안 등만 남게 된다. 그러나 로또에 당첨된 돈을 좋은 데 쓰게 되면, 어렵고 아픈 사람을 도운 공덕으로 앞으로 몇 생 동안 그 복락을 누리게 된다.

그러기에 인과의 법칙을 아는 지혜로운 불자라면, 간밤에 꾸었던 꿈에 의지해서 요행을 바라는 일은 하지 않게 된다. 비록 삶이 고되고 힘들지라도, 항상 마음을 바르고 선하게 쓰면서, 소중한 내 인생을 로또보다는 좀 더 값진 일에 쓸 수 있게 될 것이다. 이번 생의 진정한 행복을 위해, 다음 생의 진정한 행복을 위해, 그리고 다른 이들의 행복을 위해….

삼재를 벗어나는 최고의 부적

삼재란 천살, 지살, 인살 등 세 가지 큰 재난으로, 12년마다 한 번씩 겪어야 되는 재난을 말한다. 천살은 천재지변으로 인해 재난을 겪는 것이고, 지살이라 하면 사고 등을 당하게 됨을 말하는 것이고, 인살이라 하면 보증, 사기 등 사람으로 인해 애를 먹게 된다는 것이다. 불자라고 하더라도, 대다수의 사람들은 올해부터 삼재가 들었다고 하면, 왠지 마음이 찜찜해지고, '부적이라도 쓸까?'라는 고민이 들기 시작한다.

그럼 좀 더 깊이 있는 불교적 시각으로 삼재를 해석해 보자. 누구나 자신이 예전에 지어 놓은 업에 의해 태어난 과보를 받기 마련인데, 단지 이 삼재라는 시기에는 과보를 좀 더 집중적으로 받음을 의미한다. 어떤 사람이 벼락을 맞는다든지, 수해를 당한다든지, 교통사고를 당하고, 사기를 당하는 것은 우연히 당하게 되는 것이 아니라, 자신이 수많은 생을 걸쳐 타인에게 해를 끼치거나 타인의 마음을 아프게 한 과보이다. 그리고 이 과보라는 것이 부적을 쓴다고 해서 쉽게 피할 수 있는 것도 아니고, 설사 몇 년간 피할 수 있다거나 이번 생에 용케 피할 수 있다고 하더라도, 영원히 회피할 수 있는 것이 아니라 언젠가는 반드시 받아야만 한다는 것이다.

● 악을 소멸하기 위한 분노존(티벳 까규파 17대 까르마빠 그림)

그렇다면, 불자들은 삼재가 들면, 어떻게 해야 할까?

첫째, 자신이 받게 되는 과보에 대해서, 참회의 마음을 내야 한다.

안 좋은 일을 당할 때마다, "이 고통으로 인해 내가 더욱 성장할 수 있고, 악업 또한 소멸이 되니 감사합니다. 앞으로는 남의 마음을 아프게 하거나, 남을 해치는 그런 악업은 짓지 않겠습니다."라고 지극하게 참회를 해야 한다.

둘째, 악업의 과보를 갚기 위해서는, 선업을 쌓고 복덕자량을 길러야 한다.

경전에는 '깨달음을 얻어, 모든 중생을 이롭게 하겠다.'는 위대한 보리심을 발한 사람의 경우, 모든 신중들과 불보살들이 그 사람을 떠받든다고 한다. 그래서 오히려 삼재 동안에는 더욱더 다른 존재들을 이롭게 하고자 하는 마음을 내고, 그것을 일상생활에서 실천해야 한다.

똑같은 삼재라고 해도 복삼재, 평삼재, 악삼재의 구분이 있어서, 어떤 사람은 삼재가 오히려 전화위복이 되기도 하고, 또 어떤 사람은 그냥 평범히 지나가기도 하고, 또 어떤 사람은 모진 고생을 하기도 한다. 이같이 삼재의 과보가 차이 나는 것은 그 사람이 쌓은 복덕자량에 따라 달라지는 것이다.

티벳 까규파의 17대 까르마빠의 경우도, 삼재가 든 해에 앞서, 당신을 따르는 모든 사람이 살생하고 고기를 사고파는 직업을 그만 두기를 권하셨고, 채식을 하는 것이 중요하다고 법문하셨다.

부처님께서도 보리수 아래에서 깨달음을 얻으실 때에, 마구니들이 몰려와 방해를 하였는데, 그 때 마왕은 부처님께 다가와 이렇게 물었다. "당신이 어떤 자격이 있어서 깨달음을 얻을 수 있느냐?" 부처님께서는 대답하셨다. "내가 세세생생 쌓은 선근공덕의 힘으로 깨달음을 얻을 수 있다."

그러자 마왕이 "누가 그것을 증명할 수 있느냐?"고 되묻자, 부처님께서는 한손으로 땅을 짚으시며 말씀하셨다. "지신地神이여, 나를 증명하라." 그 때, 지신이 땅으로부터 솟아올라 이렇게 말했다고 한다. "제가 증명하겠나이다. 제가 당신의 보살행을 다 알고 있나이다."

그러자 대지와 삼천 대천 세계가 크게 진동하였고, 그 큰 소리에 마구니들이 혼비백산하여 물러갔다고 한다.

이렇듯, 아무리 천살, 지살, 인살의 삼재라 하여도, 나의 진실된 자비의 행이 하늘과 땅과 사람을 감동시킨다면, 오히려 삼재는 전화위복의 계기가 될 것이다.
　가끔 여기 지리산에 찾아오는 불자님 중에, 삼재에는 어떻게 해야 할지 묻는 경우가 있다. 그 때마다 스님께서는 항상 그 분들에게, "오히려 삼재는 전화위복이 되는 좋은 기회일 뿐만 아니라, 과거의 업보를 해결할 수 있는 시기이니 삼재가 들은 해에는 더욱 더 선업을 쌓고 자비를 행하고 방생을 하십시오."라고 하신다.
　부적을 살 돈으로 어려운 사람을 돕고, 형식적인 방생을 하기보다는 육식을 하지 않고 채식을 하는 것이, 지혜로운 불자의 신행이라고 할 수 있을 것이다.

● 처음도 좋고, 중간도 좋고, 나중도 좋은 것이 부처님의 가르침이다.
홍서원 조그만 법당 한 편에서, 항상 웃고 있는 조약돌 부처님 모습

● 인간세계의 생사고락

전생을 알고 싶으세요?

불가에는 이런 말이 있다.

"전생을 알고 싶으면 지금 자신의 모습을 보면 되고, 내생을 알고 싶으면 지금 자신이 사는 모습을 보면 된다."

이 말은 참으로 지혜로운 말이다. 불교에는 기본적으로 지켜야 할 다섯 가지의 계율이 있는데, 이 계율을 잘 살피고 거기에 따른 인과응보를 이해할 수 있으면, 자신의 전생과 내생의 모습을 누구에게 물어보지 않아도 스스로가 알 수 있게 된다.

불교의 다섯 가지 계율

1. 살아있는 생명을 죽이지 말라.
2. 주지 않은 물건을 훔치지 말라.
3. 삿된 음행을 하지 말라.
4. 거짓말을 하지 말라.
5. 술을 마시지 말라.

첫 번째, 살아있는 생명을 죽이지 말라.

전생에 사람이나 짐승, 곤충이라도 살아있는 목숨을 죽였던 사람들은 다음과 같은 과보를 받게 된다. 수명이 짧고, 몸에 병이 많으며, 약을 써도 잘 낫지 않고, 먹는 것을 몸에서 잘 받아들이지 못한다. 살생을 많이 하면 한 만큼 그 정도는 심해지는 것이다. 우리 주변에 유독 몸이 약하고, 병치레가 잦거나 불치병에 걸린 사람들은 모두 이러한 과보로 인한 것이니, 자신이 내생에 건강한 몸을 받고 싶으면 집안에 있는 파리, 모기라도 함부로 죽이면 안 되는 것이다. 그래서 지혜로운 사람은 자신의 몸이 아플 때마다 보약 핑계로 또 다른 살생의 업보를 짓는 대신에 부지런히 몸과 마음으로 참회를 해야 한다.

두 번째, 주지 않은 물건을 훔치지 말라.

전생에 남의 물건을 훔치거나 강제로 빼앗았던 사람은 그 과보로 이번 생에 가난하게 살게 되고, 비록 돈을 벌어도 그 재산이 남의 소유가 된다.

또한 열심히 농사를 지어도 수확이 제대로 되지 않거나 아무리 노력해도 재산이 모이지 않는 경우도 이에 해당된다. 따라서 내생에 부유하게 살고 싶으면 불쌍한 사람들을 많이 도우면 된다. 배고픈 짐승이나 가난한 이웃들을 돕는 것은 결국 자신이 행복해지는 길이다.

세 번째, 삿된 음행을 하지 말라.

이는 자신의 배우자 외에 다른 사람과 성관계를 하지 말라는 뜻이다. 과거 생에 사음을 했던 사람은 몸에서 늘 안 좋은 냄새가 나고, 배우자가 바람기가 많은 과보를 받게 된다. 자신은 원치 않는데, 헤어지게 되고 이혼하게 되는 것이 다 전생의 과보 때문이다.

네 번째, 거짓말을 하지 말라.

늘 남을 속이고 남에게 말로써 상처를 주었던 사람은 자신이 말을 해도 다른 사람이 믿어주지 않고 남들에게 욕을 먹는 과보가 있게 된다. 늘 쓸데없는 잡담을 즐기는 사람의 경우도 남들이 자신의 말을 잘 따르지 않는 과보를 받게 된다. 이번 생에 진실 되고 부드러운 말을 하는 사람은 다음 생에도 남들이 나를 신뢰하고, 내 말을 가치 있게 받아들이게 되는 것이다.

다섯 번째, 술을 마시지 말라.

술은 담배나 마약 등의 중독성 물질을 모두 포함한 말이다. 취하는 물질을 가까이 했던 사람들은 다음 생에 머리가 멍청해지는 과보를 받게 된다. 늘 깨어있는 마음으로 중독성이 있는 물질을 멀리 했던 사람들은, 반대로 머리가 총명해지는 과보를 받게 되는 것이다.

사람들은 악한 사람들이 부자로 살고 착한 사람들이 가난하게 사는 현실을 보면서, 세상이 불공평하다고 느낀다. 그러나 과보의 미묘한 부분은 부처님만이 아신다고 할 정도로, 그것이 불공평하다고 느끼는 것은 이번 생만을 보기 때문이다. 모든 사람의 과거 생을 들여다 볼 수 있다면 한 치의 오차도 없이 지은 대로 받는다는 것을 알게 된다. 따라서 지금 나의 모습을 들여다보면 내가 전생에 어떻게 살았는지가 극명하게 드러난다. 또한 지금 내가 사는 모습을 보면, 다음 생에 또 어떠한 모습으로 살아갈지를 분명하게 알 수 있게 되는 것이다.

그렇다면 우리가 세세생생 행복하게 살기 위해서는 어떻게 해야 할까?

지난 생에, 내가 알게 모르게 지었던 모든 죄를 부지런히 참회하고, 매 순간순간 깨어있는 의식으로 계율을 지키면서 올바르게 수행하고, 다른 존재를 위해 보살행을 한다면, 세세생생 복락을 누리게 되는 것이다.

또한 진정한 수행자라면 자신이 전생의 과보로 고통을 받을 때마다 이렇게 생각해야 한다.

'어차피 내가 지은 것은 한 치의 오차도 없이 받는다. 내가 이렇게 수행자로 살고 있을 때, 과거의 죄업으로 인한 과보를 받으니, 참회할 수 있고 수행의 자량으로 삼을 수 있어서 얼마나 다행인가. 내가 수행을 열심히 하면 할수록 지난 생의 과보를 미리 다 받아서, 내생에는 장애 없이 수행하여 일체 중생을 이롭게 하는 깨달음을 얻기를 바라옵니다.'라고….

맑은 기운 받고 싶으세요?

요즘 한창 기수련이니, 요가행법이니 하면서 사람들 사이에서 자주 하는 말들이 있다. 아마 한 번쯤 들어 봤을 것이다.

"자~! 후 하고 내 안에 있는 탁한 기운 내 보내시고, 또 깊게 숨을 들이쉬면서 우주의 맑은 기운을 들이 마십니다."

그러나 여기서 조심!

우리가 조금 더 깨어있는 의식으로 이러한 말들을 살펴보면, 나의 탁한 기운을 내 보내고, 좋고 맑은 기운을 받아들이는 그 마음이 굉장히 이기적인 것임을 알 수 있다.

티벳 밀교 수행에는 다음과 같은 관상법이 있다.

"숨을 들이 쉴 때마다 세상의 모든 고통과 괴로움이 검은 연기로 내 안으로 들어오고, 숨을 내 쉴 때마다 이 세상에서 가장 자비스럽고 평온한 에너지가 흰빛으로 나간다."

스님께서도 언제나 이렇게 말씀하셨다.

"항상 좋은 것만 취하려 하고 나쁜 것은 피하려고 하면 할수록 자기 자신 안의 무한한 능력이 사장된다. 수행자는 항상 어떠한 것이든지 황금으로 만들 수 있어야 한다."

대긍정의 마음을 가진 수행자에게는 좋은 기운, 나쁜 기운이 따로 존재하지 않는다. 오히려 내가 받아들이는 모든 것은 반야의 용광로 속에서 녹아내려 자비와 지혜의 원료가 될 뿐이다. 생각해 보라. 아무리 무시무시한 악마의 형상일지라도, 아무리 쭈그러져 못생긴 고물덩어리일지라도, 뜨거운 용광로에 녹으면 모든 겉모양은 사라지고 동일한 재료가 될 뿐이다. 그러면 그 동일한 재료는 다시 만드는 사람의 의도에 따라 부처님이 되기도 하고, 예수님이 되기도 하고, 귀여운 아기 천사가 되기도 하는 것이다. 문제는 늘 받아들이는 사람의 마음에 달려있다. 즉 받아들이는 것이 좋은 것이든 나쁜 것이든, 항상 좋은 쪽으로 변형시킬 수 있는 우리 내면의 힘에 달려 있는 것이다.

● 천상과 아수라 세계, 여의수의 뿌리는 아수라에 있고
  열매는 천상에 있어, 아수라는 질투심으로 늘 전쟁을 벌이게 된다.

상대방이 화를 내면 당신은 어떻게 받아들이고 행동할 것인가? 화를 화로 되돌려주지 말고 연민심과 자비심으로 바꾸어서 돌려주어야 할 것이다. 늘 맑은 기운만 받아들이고 탁한 기운은 내 보내려는 사고는, 다른 사람에게서 자비와 사랑의 에너지는 착취하면서 자신은 세상에 도움이 안 되는 생각들만 쏟아내는 것과 다르지 않다.

자신에게 무한한 자비와 사랑, 그리고 반야의 지혜가 본래 갖추어져 있다는 믿음이 사실상 이 세상을 아름답게 만드는 힘이 된다.

숨을 쉴 때마다, 어떤 사람은 세상을 해롭게 하고. 반대로 어떤 사람은 세상을 이롭게 함과 동시에 자신의 자비와 지혜를 점차적으로 확장시켜 나간다.

어떤 사람이 되고 싶은가? 아직도 맑은 기운을 받고 싶은가, 아니면 맑은 기운을 내 보내는 사람이 되고 싶은가.

잘 죽는 법과 태교법

제목을 보고, 어떤 사람들은 좀 의아하게 생각할 수도 있겠다. 2세를 계획하는 가족들은 죽음이면 죽음이고, 태교면 태교이지, 왜 둘을 함께 이야기 하느냐고 생각할지도 모르겠다. 그러나 우리가 죽음과 재탄생의 과정을 제대로 이해한다면, 죽음과 재탄생은 순서만 바뀌었을 뿐 똑같은 과정으로 전개됨을 알 수 있다.

누구나 겪게 되는 죽음, 그러나 늘 외면하게 되는 죽음.
과연 죽으면 우리에게 어떤 일이 벌어지게 될까?

일단 우리가 죽음을 맞이하게 되면, 외적인 해체와 내적인 해체의 두 가지의 해체 과정을 겪게 된다. 외적인 해체란, 우리 몸을 구성하는 땅(살과 뼈)·물(피와 체액)·불(온기)·바람(호흡)·허공의 다섯 원소와 다섯 감각이 해체되는 것을 말하고, 내적인 해체란, 생각과 감정이 해체되는 것을 말한다.
죽음이 다가오면 우선, 오감의 작동이 멈춰지게 된다. 소리가 들리지 않게 되고, 눈은 힘을 잃어가고, 냄새나 맛, 감촉 기능이 해체되기 시작한다.
그 다음으로, 땅·물·불·바람이 무너지기 시작하는데, 땅의 원소가 해체될 때, 육신은 힘을 잃기 시작하고 거대한 산이 압박해 누르는 느낌을 받으면서, 어떤 자세를 취해도 무겁고 불편하게 느끼게 된다. 일어설 수도, 머리를 지탱할 수도 없게 되면서, 볼은 푹 꺼지고 우리 마음은 초조해져서 헛소리를 하게 되지만 곧 졸음에 빠지게 된다.

곧이어 물의 원소가 해체되는데, 이때 몸 안의 체액에 대한 통제력을 잃기 시작한다. 콧물이 새고, 눈에는 눈곱이 끼고, 대소변을 가리지 못하게 된다. 혀는 움직일 수 없게 되고, 입과 목은 끈적끈적하게 막히면서 아주 심한 갈증을 느끼게 된다. 우리 마음은 몽롱해지고 좌절감을 느끼면서 조바심을 내고 신경질적으로 바뀌게 된다.

물의 원소 다음으로 불의 원소가 해체된다. 이때, 육신의 모든 온기가 발과 손에서부터 심장을 향해 새어나간다. 더 이상 아무것도 마실 수도 없고 소화시킬 수도 없다. 우리 마음은 미혹과 명료함 사이에서 흔들거리면서 가족을 알아보지 못하게 된다.

마지막으로는 바람의 원소가 해체되는데, 이때는 숨쉬기가 훨씬 더 어려워진다. 바람이 우리 목을 통해서 빠져나가는 듯하며, 짜증나고 헐떡거리기 시작한다. 눈은 위를 향해 치켜뜨고 거의 움직이지 못하게 된다. 마음은 갈피를 못 잡아 외부 세계를 의식하지 못하게 되면서, 환각에 빠져 환상을 보기 시작한다. 이때, 선한 삶을 살아왔던 사람은 친구나 깨달은 분들을 만나는 환영 속에 평화를 느끼고, 악한 삶을 살아왔던 사람은 자신의 마음에 걸려있는 악행의 과보로 공포를 느끼고 비명을 지르게 된다. 그리고 돌연 숨이 멎게 되는 것이다.

이때, 의사들은 사망을 선언하지만, 약 20분 정도의 시간을 걸쳐 내적 해체의 과정이 따라 일어나게 된다. 내적 해체 과정에서는 감정과 의식이 해체되는데, 이러한 죽음의 전개 과정은 임신의 과정과 역순逆順의 과정이다.

이때에는 우리의 삼독심마저 해체되면서 '완전한 성취'라고 불리는 어둠의 체험이 일어나게 된다. 평소에 이와 관련해서 수행을 했던 사람의 경우, 근원적 광명을 인지하면서 곧바로 깨달음을 얻게 되지만, 대부분은 무의식 상태에서 혼절을 하게 된다. 또한 바로 그 다음 또 다시 깨달음의 기회가 주어지는데, 대부분 자신 앞에 펼쳐지는 상황이 스스로의 마음의 현현임을 알아차리지 못하기에 이 역시 해탈에 실패하게 된다.

돌연 우리가 의식하게 되는 단계는 바로 다음 단계부터이다. 그러나 우리의 의식이 돌아오면서, 우리가 평소에 가지고 있었던 습관의 종자가 다시 살아나기에 더더욱 깨달음을 얻기는 힘들어 지게 된다. 이때에는 물질의 장애가 없는 의식의 몸을 가지게 되는데, 살아있을 때보다 의식이 7배가 더 밝게 되어, 신통력을 갖추게 되고, 마음먹은 대로 공간 이동이 가능하게 된다(그러나 7배로 의식이 밝아진다 하더라도 이를 좋게 쓸 수 있는 수행자가 아닌 이상 분노나 두려움의 감정도 7배나 커진다는 것을 명심해야 한다).

해체되었던 다섯 가지 원소가 다시 생성되면서, 삼독심과 자신의 업력도 다시 생성되는데, 스스로의 몸이 단단한 것처럼 느끼게 되고, 여전히 배고픔의 고통을 느끼게 된다. 그리하여 자신의 업력에 따라 이리저리 생각을 일으켜 휩쓸려 다니게 되는 것이다. 아직은 스스로가 죽었다는 것을 인식하지 못하기에, 집으로 다시 돌아가지만, 이미 가족들과는 소통될 수 없음에 상처입고 좌절하게 된다. 스스로가 죽었다는 것을 알게 되는 순간 그것을 감당하지 못하여 혼절하는 경우도 많다. 또한 7일마다 모든 고통과 함께 죽음의 체험이 다시 반복되어 재차 고통을 겪어야 한다. 이러한 기간은 일반적으로 49일 동안 지속이 된다고 한다. 그래서 절 집의 장례문화는 49일을 기본으로 한다. 이 기간 동안 천도재를 지내고 기도를 하는 이유가 여기에 있다.

깨달음을 얻은 분들이나 높은 경지의 수행자의 경우, 보통 3일 정도의 시간 동안 명상상태에 머물다가 이러한 해체 과정을 겪게 된다고 한다(보통 3일장을 해야 하는 이유도 이것이다). 티벳에서는 죽은 사람이 깨달은 사람인지 아닌지 알 수 없기에, 죽은 뒤 적어도 3일 동안은 그대로 손을 대지 않고 놓아두는 관습이 있다.

조계종 10대 종정이셨던 혜암 종정스님께서 열반하셨을 때, 스님께 연락이 왔었다. 스님께서는 서둘러 해인사로 가셔서 혜암 종정스님의 마지막 모습을 잠시 뵐 수 있었다고 한다. 그 때, 스님께서 뵈었던 혜암 종정스님의 마지막 모습은 참으로 생시보다도 더욱 생기 있었고, 온 몸이 황금색으로 빛났을 뿐만 아니라, 방안은 온통 황금의 서광으로 가득했다고 한다 (뒷날 혜암 종정스님의 다비 뒤에 황금사리가 나왔는데, 유일한 것이다).

일반적으로 집안에서 누군가 돌아가시게 되면, 꼭 유념해야 할 일이 있다. 그것은 바로 죽음을 맞이하는 당사자가 최대한 편안한 마음으로 죽음과 재탄생의 과정을 지낼 수 있도록 가족이 도와주어야 한다는 것이다. 돌아가시는 분을 붙들고 통곡을 한다거나 흔들고 소리 지르는 행위는 더욱 괴로움만을 더해줄 뿐이다. 절대로 돌아가시는 분의 몸을 만진다거나 가족에 대한 애착심을 놓기 힘들게 하는 행위를 해서는 안 된다. 오히려 조용하게 경전을 읽어주고, 염불을 해드리면서, 가신 분들을 대신해 보시를 베풀고 방생하는 일이 그 분에게는 많은 도움이 된다.

누구나 다 이러한 과정을 겪고 대부분 49일 기간 동안 새로운 인연처에, 자신의 업력에 따라 다시 몸을 받게 된다. 한 쌍의 남녀가 사랑을 나눌 때, 한 무리의 존재들이 모여들어 다시 태어나기를 갈구하는데, 그 중 가장 인연이 닿는 존재가 아버지의 정자와 어머니의 난자가 결합되는 순간 그 곳으로 들어가게 되는 것이다.

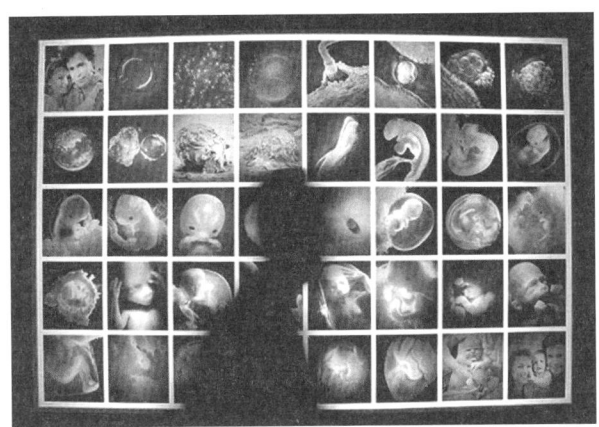

● 사람의 탄생과정

부모들은 자신의 아기들을 '우리의 사랑으로 낳은, 아무것도 모르는 우리 아가'라고 생각하지만, 그 아기는 얼마 전에 죽음의 무시무시한 고통을 겪었던 존재이자, 자신의 업력을 고스란히 간직하고 있는 존재이다. 따라서 불교적 입장에서 보면, 임신 이후의 태교보다는 임신 이전의 준비가 더 중요하다. 정자와 난자가 결합되는 순간 그 곳에 들어오는 존재는 부모의 의식 수준과 업력에 따라 결정되기 때문이다.

그러기에 정말 중요한 것은 바로 임신하기 전에 부모 될 사람 스스로가 바른 지견, 청정한 마음으로 수행을 해야 한다는 것이다. 왜냐하면, 부모와 자식은 모두 인연의 고리에 의해 만나기에, 부모들이 악업을 정화하고 선행을 베풀어서 자신의 의식 수준을 높이게 되면, 악연惡緣으로 만나는 인연보다는 선연善緣으로 만나는 부모, 자식의 관계가 되기 때문이다. 이미 임신한 어머니와 아버지들은 비록 임신 전에 수행을 하지 않았다고 하더라도, 임신 기간 동안에 지극하게 기도를 하고, 계를 청정하게 지킬 필요가 있다. 왜냐하면 자신과 자녀의 운명을 바꾸어가는 것이 결국 각자 수행의 힘이기 때문이다.

석가모니 부처님께서 이 사바세계에 중생들을 제도하기 위해 오실 때, 수승한 인연을 찾아서 마야 부인의 몸을 선택하셨듯이, 결혼한 부부들이 임신하기 전에, 수승한 존재를 맞이할 준비가 되어있다면, 이 세상을 이롭게 할 훌륭한 자식들을 갖게 되는 것이다. 따라서 정말 애먹이지 않고, 이 세상을 이롭게 하고, 늘 행복할 수 있는 아이를 원한다면, 다음의 사항을 실천해 보기 바란다.

- 임신기간에 앞서, 부부 모두 삼보에 귀의하고, 참회기도를 하며 계를 지킨다.
- 임신기간이나 출산 시에는, 경전(지장경)을 독송하거나 진언을 외우면서 기도를 한다. 또한 이웃들에게 선행을 베풀고, 살생을 금하고 방생을 한다(채식은 가장 좋은 방생이다. 임신이나 출산을 기념하기 위해, 또 보신용으로 살생을 하는 것은 참으로 어리석은 행동이다).

그리고 죽음을 맞이하게 될 모든 이들은, 살아생전에 꼭 죽음에 대한 공부를 하길 바란다. 그냥 어영부영 대충 수행한다면, 해탈의 기회가 주어지는 소중한 중음의 시간 동안 해탈은 고사하고 업력에 의해 이리저리 휩쓸려 다니게 되기 때문이다.

만일 혹시나 하는 마음으로, 요행을 바라는 수행자가 있다면, 자신의 꿈으로 스스로의 수행을 점검해 보길 바란다. 왜냐하면, 잠에 빠져드는 순간과 죽음을 맞이하는 순간은 거의 같은 과정으로 전개되기 때문이다. 잠에서 무의식에 빠지지 않고, 찰나에 주어지는 해탈의 기회를 인식할 수 있는가? 아니면, 꿈을 꾸게 되었을 때, 스스로가 꿈이라는 것을 인식하고 선한 방향으로 꿈을 바꾸어나갈 힘이 있는가? 두 가지 질문에 다 자신이 없다면 요행을 바라지 말고 철저하게 수행해야 할 것이다.

엉킨 실타래 풀기

여기 지리산을 찾아오시는 분들과 이야기를 나누다 보면, 집안의 어려운 일들을 털어놓으시는 분들이 많다. 그분들은 이래저래, 가족관계가 꼬여서 어려워지고, 금전적으로 곤란한 일이 생기기도 하여, 당장에는 어떠한 해결의 실마리도 보이지 않기에 그 답답함을 하소연하시는 것이다. 그분들 제각각의 사연을 들으신 스님께서는 꼭 이러한 말씀을 해 주신다.

"도저히 풀 실마리가 보이지 않는 엉킨 실타래를 푸는 방법은 오직 하나밖에 없습니다. 그것은 바로 마음을 바르게 쓰는 것입니다. 비록 지금 당장에는 풀려가는 것이 눈에 드러나지 않을지라도, 결국 이러한 모든 문제를 해결하고, 행복해지는 길은 이것밖에 없습니다. 문제를 금방 해결해 보려고 트릭(바르지 못한 방법)을 쓰려 하면 영원히 이 실타래를 풀 수 없습니다."

마음을 바르게 쓰는 것이란, 마음을 정직하게, 그리고 타인을 이익 되게, 순수하게 쓰는 것을 말한다. 사실, 조금만 생각을 깊이 해 보면, 내가 지금 겪고 있는 모든 어려움은, 이번 생이나 지난 생에, 결국 내가 마음을 바르게 쓰지 못한 업보로 받는 것이다. 타인을 속이거나 마음에 상처를 주거나 혹은 물질적으로 어렵게 만들었기에, 내가 지금 그다지 잘못한 것이 없을지라도 그 인과응보로 인해 정신적이나 물질적으로 어려움을 겪게 되는 것이다.

그러기에, 지금의 불행이나 업보를 해결하여 행복하게 살려면, 결국 지난 날 알게 모르게 지었던 잘못들을 참회하고, 비록 상황이 어렵다 하더라도 회피하거나 삿된 방법을 쓰지 말고, 마음을 바르게 써서 해결해 나가야만 하는 것이다.

우리가 마음을 바르게 쓰고, 이 모든 것을 원망하지 않고, 받아들이는 마음으로 순수하게 살아간다면, 반드시 보이지 않는 불보살님들의 가피가 있게 될 것이다.

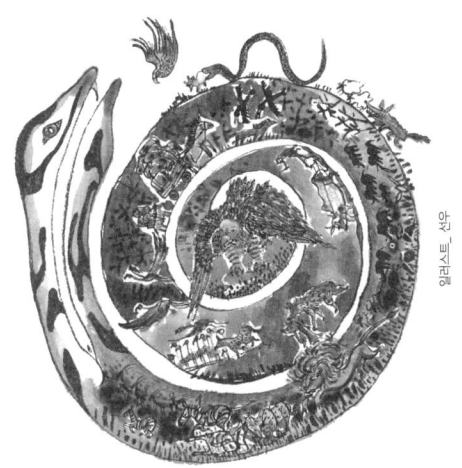

● 삼독심 중에 무지가 많은 과보로 태어나는 축생의 세계

모든 장애를 없애주는 부동불 진언

나모 라뜨나 뜨라야야
옴 짱가니 짱가니
로짜니 로짜니
뜨로따니 뜨로따니
뜨라싸니 뜨라싸니
쁘라띠하나 쁘라띠하나
싸르와 까르마 빠람 빠라니 메
싸르와 싸뜨와 난짜 스와하

모든 진언은 참다운 소리이다. 위대한 깨달은 분들께서 오랜 세월 동안 장엄하신 까닭에, 믿고 진심으로 따라하는 사람에게는 반드시 가피가 있게 된다.

행복을 여는 비밀의 열쇠

이곳에 수행하러 오는 분들에게, 가끔씩 스님께서는 이런 질문을 던지신다.

"살면서, 가장 행복했던 적이 언제인지 한 번 말해 봐요."

이 질문을 받은 많은 분들은, 한참을 머뭇거리다가, "어렸을 때인 것 같아요."라고들 대답하곤 한다.

가끔 스님께서 사람들에게 왜 저 질문을 하실까 하고 궁금해지기도 한다. 사람들이 더듬더듬 과거를 되짚어가서 행복했던 순간들을 떠올리는 것이, 과연 우리의 수행과 어떤 관계가 있는지…. 그러나 이러한 의문에 대한 해답은 스님께서 해 주신 말씀 속에 있었다.

사람들이 더듬더듬 가장 행복했던 시절을 떠올려 대답을 하면, 스님께서는 웃으시면서 늘 이렇게 말씀하셨다.

"바로 그 때의 행복을 놓치지 말고 잘~ 간직해 봐요."

우리는 살아가면서 문득, 짧은 순간이나마 행복을 느낄 때가 있다. 예를 들면, 사랑하는 사람을 기다릴 때, 목욕탕 따뜻한 물에 몸을 녹일 때, 좋은 사람과 마주 보고 있을 때, 집안일 끝내고 커피 한잔을 마실 때, 거울 보고 화장할 때, 점심 먹고 담배 한 개비 태울 때, 낚시터에서 물끄러미 물을 바라볼 때, 좋은 경치를 구경할 때…. 갖가지의 순간, 우리들은 문득 행복을 느끼곤 한다.

그러나 행복을 느끼는 순간, 이 행복감이 도대체 어디서 오는지 알 수 없기에, 그 행복했던 순간을 반복하면 다시금 그 행복감이 밀려올 것이라는 막연한 기대를 하게 된다.

그래서 사랑하는 사람은 자꾸자꾸 만나야 되고, 몸이 지치면 목욕탕에 가야만 되고, 커피나 담배에 중독이 되기도 하고, 낚시나 취미생활에 많은 시간과 공을 들이게 되는 것이다. 하지만, 왠지 스스로 '난 참 행복해.'라고 말하기에는 뭔가 부족한 하루하루를 살아가게 된다.

그렇다면, 과연 우리의 행복은 어떻게 찾아오는 것인지, 반짝이는 눈으로 살펴볼 필요가 있다. 스님의 말씀처럼 '행복했던 그 순간을 잘 간직하기' 위해, 우선 잘 살펴 볼 필요가 있는 것이다.

우리는 문득 문득 행복을 느낄 때, 그 행복감이 외부의 어떤 것 때문에 오는 것이라고 착각을 한다. 어떤 사람, 어떤 장소, 어떤 음식 때문에 행복해지는 것이라고. 하지만, 그 행복은 절대로 외부에서 오는 것이 아니다. 밖으로만 향하던 우리의 마음이 잠시 쉬어질 때, 우리의 본성과 계합하면서 문득 행복을 느끼게 되는 것이다.

『까르마빠, 나를 생각하세요』라는 책에는, 다음과 같은 까르마빠의 법문이 실려 있다.

"행복과 즐거움을 주는 일은 세상에 많습니다. 그 중 가장 중요한 것은 우리들 마음에 행복과 평화를 가져다주는 것입니다. 어떻게 이런 것을 키워 갈 수 있을까요? 보통 우리 마음은 마음을 흔드는 생각으로 가득 차 있습니다. 마음이 이런 식으로 흔들려 한 곳에 머무르지 못하고 흐트러져 있으면 내적으로 안정될 수 없습니다. 이럴 때 마음의 행복은 사라집니다. 이 망상들을 마음의 본질에 녹임으로써 행복을 체험할 수 있습니다."

보통 우리들은 이 몸과 자신을 동일시하기에, 목욕을 하거나 화장을 하거나 할 때, 우리의 마음이 저 멀리 달아나지 않고 내 몸 가까이 즉 자기 자신과 가까이 있기에 문득 행복감을 느끼게 되는 것이다. 또한 이리저리 늘 헤매던 우리의 마음이, 어떤 사람이나 장소에 대한 만족감으로 그 마음이 잠시 쉬어지게 되었을 때 문득 행복감을 느끼게 된다.

결국, 분열되고 흩어 진 마음이 하나로 모아지는 그 순간이 바로 행복을 느끼는 순간이다. 만일 우리가 이러한 행복의 비밀을 알지 못하고, 외부의 사람이나 어떤 조건들에 의해 행복해 진다고 착각한다면 우리는 진정한 행복을 놓치게 된다. 우리에게 문득 행복함을 주던 바깥 경계가 더 이상 그 행복함을 주지 못하게 될 때,

'이 사람이 아니었나 보다' 하고 다른 사람을 찾아 나서고,

'이 물건이 아니었나 보다' 하며 다른 제품으로 바꿔보고,

'이 곳이 아니었나 보다' 하고 또 다른 곳을 찾게 된다.

무지개를 잡으려는 사람이 아무리 들판을 내달려도, 무지개는 또 다시 저 너머에 있게 되듯이, 바깥에 행복이 있다고 착각하는 사람에게 행복이란 늘 저 너머에 있는 무지개일 뿐이다.

수행이란,
우연히 찾아오는 행복을,
보통 사람들처럼 그저 기다리는 것이 아니라,
마음이 하나로 모아지는 행복의 순간,
우리의 본성과 하나가 되는 그 행복의 순간을,
우리의 깨어있는 의식으로 잘 간직해서 만들어 가는 것이다.
그리하여, 어떠한 환경과 조건에서도,
항상, 언제나 행복할 수 있는,
내 마음의 연금술에 달통하게 된다.
뒤바뀐 생각에서 벗어나게 될 때,
어떠한 조건도 필요 없이,
바로 지금 이 순간,
행복과 하나가 될 수 있다.

수행자와 화장품

　　　　　　　　　　　　　현현 스님과 나는 스킨이나 로션을 안 쓴 지 10년이 다 되어 간다. 속가에 있을 때도 잘 바르지 않았지만, 스님이 되고나서 이런저런 생각 끝에 아예 안 쓰기로 했다. 가끔 아가씨들은 우리에게 나이를 묻기도 하는데, 나이를 알려주면 꼭 이렇게 묻곤 한다. "피부 관리 어떻게 하세요?" 그럼 우리는 이렇게 대답한다. "아무것도 안 바르는데요."

　처음에는 겨울마다 우리 얼굴에 버짐이 핀 듯 하얗게 일어났다. 나는 이제 요령이 생겨서, 겨울만 되면 아예 비누를 안 쓰고 물로만 씻는다. 현현 스님은 비누로 세수하고 얼굴에 버짐이 피면 손바닥으로 쓱쓱 문지르며 이렇게 말한다.

　"원래, 피는 거야. 뭐가 어때서?"

　우리는 화장품을 안 쓰면서 느낀 점이 참 많다. 사실 출가자의 수행을 한마디로 말하자면, '비동일시非同一視'로 요약된다. 그러나 우리가 화장품을 쓰면 쓸수록 우리의 의식은 나와 이 몸을 동일시하게 되는 것이다. 어디 몸뿐인가? 몸과 감촉, 부드러운 느낌에 대한 미묘한 애착이 매일 매일 두터워지는 것이다. 다들 말은 그럴듯하게 한다. "뭐, 백년 안에 쓰러질 몸인데…." 그러나 이런 말을 하면서도, 매일 스킨이나 로션을 발라야 하는 수행자는, 아직 몸의 무상함을 자각하지 못하는 것이리라.

우리가 티벳 사원을 방문했을 때, 티벳 비구니 스님들의 꾸깃꾸깃한 승복과 까맣게 그을린 얼굴, 기미와 주근깨 가득한 얼굴을 보면서 괜히 반갑기까지 했던 이유는 무엇일까? 스님들 하면, 누군가의 시에도 나오듯이 "파르라니 깎은 머리"로부터 시작해서 청순, 순결, 희고 고운 얼굴 등을 떠올리는 사람들이 있다. 물론 이런 이미지는 제대로 불교를 인식하지 못하는 일반인들의 속된 상상에서 비롯된 것이라 할 수 있겠지만, 스님들 스스로도 그런 이미지에서 벗어나지 못하는 경우가 있다. 그래서 세간에 유행하는 화장품에 관심을 갖는다든지, 햇볕을 심하게 꺼린다든지, 빨래하고 다림질하는 데 많은 시간과 정성을 쏟는다든지, 옷을 삶고, 풀 먹이는 일에 많은 공을 들이는 분들도 있다.

물론 스님들의 여법하고 청정한 모습을 보고, 불도로 들어오게 되는 인연이 될 수도 있겠지만, 겉모습에 치중하는 것이 과하여 오히려 내면의 청정함과 여법함을 챙기는 데 방해가 된다면, 다시금 돌아봐야 할 일이다. 재가신도 역시 스님들의 하얗고 고운 얼굴과 선이 곱게 난 빳빳한 풀 옷에서 더 많은 신심을 낸다면 할 말이 없지만, 그래도 누군가가 남루해 보이는 어떤 스님들에게서 향수나 화장품 냄새가 아닌, 계향·정향·혜향·해탈향·해탈지견향을 느낄 수만 있다면 얼마나 좋을까.

새벽 2시 30분이면 일어나, 부처님께 다기 물을 올리고 찬물로 세수하면서 마음속으로 되새기는 우리 도량의 발원을 끝으로 이 글을 마무리할까 한다.

내 모습 보는 이는 누구나,
언제나 행복만이 커져가고,
마음의 온갖 고통 사라져,
필경에 모두 성불하여 지이다.

● 홍서원 마당에 열린 앵두

이런 채식은 좀 문제가 있어요

출가 수행자들의 채식은 일반인들의 채식과 다른 점이 있다.

첫째, 수행자는 마음을 살피는 데 도움 되지 않는 음식은 먹지 않는다. 예를 들어, 오신채(파, 마늘, 달래, 부추, 흥거)와 같이 우리의 몸과 마음을 들뜨게 하는 음식들은 삼간다. 우리 마음을 산란하게 하는 음식에는 오신채 외에도 많다. 약간 의외의 품목이 여기에 속하는데 커피, 초콜릿 등이 그것이다. 이러한 음식들은 강한 작용을 통해 우리의 마음을 산란하게 할 뿐만 아니라, 결과적으로 우리 몸의 에너지를 고갈시킨다. 마치 술과 고기를 먹으면 순간적인 힘을 낼 수는 있지만 결과적으로는 지구력이 약해지듯이, 오신채나 커피, 초콜릿, 라면 등은 순간적으로 많은 힘을 내게 하지만 결과적으로는 에너지를 소진하게 만드는 결과를 가져온다.

수행자는 자신의 에너지를 소모하는 대신에, 그것을 잘 갈무리하여 도모하는 방향으로 나아가야 하는데, 우리의 몸이 잠시 힘들다고 하여 오신채나 커피, 초콜릿에 의지한다는 것은 수레가 가지 않을 때 소를 때리지 않고 수레를 때리는 것과 같은 것이다. 몸이 힘들다고 느낄 때마다 자극적인 음식을 섭취하려 하지 말고, '늘 생기 있고, 깨어있고, 문제없는' 그 자리를 항상 자각해야 한다.

둘째, 수행자는 옳지 않은 관념으로 음식을 먹지 않는다.

채식을 하면서도 관념적인 채식을 하는 경우가 있다. 그래서 단백질이나 칼슘, 철분 결핍에 대해 과민한 반응을 보이기도 하고, 특정 채소와 과일이 냉하다고 하여 까다롭게 음식을 가리기도 하며, 혹은 브로콜리나 마, 두리안 등이 몸에 좋다고 하면 철철이 특정 채소를 갖추어 먹으려고도 한다.

지리산에서 우리가 먹는 것을 보고, 어떤 분들은 영양학적으로 걱정을 하기도 한다. 아침에는 흰죽 먹고, 점심에는 된장에 밥 먹고, 예전에 오후 불식이 익숙하지 않았을 때는 저녁에 국수나 감자를 삶아먹기도 했다. 하지만, 한 번도 부족하다는 생각을 하지 않았다. 혹여 자신이 간소한 채식을 해서 힘이 모자란다고 느끼는 사람이 있다면 먹는 음식의 영양가를 탓하기 이전에, 삶의 방식을 냉정하게 살펴보아야 한다.

예를 들어, 너무 많은 생각들을 짓고 있지는 않은지, 밖으로 치닫는 마음이 너무 심한 것은 아닌지, 화를 많이 내고 있지는 않은지, 음욕심이 자비심으로 승화되지 못하고 있는지, 남의 허물을 잡는 일에 하루의 대부분을 보내고 있지는 않은지, 내가 지금 하는 일이 욕심이 앞선 것은 아닌지…. 하루 종일 마음을 바르게 쓰고 있는지 스스로 살펴야 할 것이다.

마음을 바르게 쓴다면 간소한 채식으로도 충분히 수행할 수 있다. 우리의 몸은 모두 우리 마음 따라 반응하는 것이다. 즉 자신의 마음이 늘 족하고 편안하고 문제없다면, 우리의 몸도 병이 적고 늘 생기가 있기 마련이다. 잠시 몸이 지치고 힘이 들더라도 참선을 통해 빠르게 회복될 수 있는 것도 이 때문이다. 사람들은 부정적인 생각과 감정들이 얼마나 많은 에너지를 소모하는지 잘 모르고 있다. 우리가 우리의 마음을 잘 다스리고, 늘 선하고 다른 존재를 이익 되게 하는 쪽으로 우리의 마음을 쓴다면 간소한 채식으로도 얼마든지 위대한 원력의 삶을 살 수 있게 된다.

고정된 관념은 우리의 몸뿐만 아니라 마음의 능력까지도 사장한다. 관념에 사로잡힌 채식은, 우리가 모든 관념을 벗어나 대자유인이 되는 데에 큰 장애가 된다. 자신의 몸을 특정 체질이나 관념에 한정시키지 말자. 우리의 마음은 불가사의하고 미묘해서 저 지옥부터 저 부처님의 마음까지 모든 것을 만들어 낼 수 있다.

● 텃밭의 채소와 지리산에서 나는 산나물로
  점심공양을 준비하는 현현 스님

절 집에서 일찍 일어나는 이유

절 집에는 "새벽 예불 한번 빠지면 소 한 마리 잃는다."는 말이 있다. 그만큼 새벽 예불이 우리 수행에 참으로 중요하다는 의미이다. 보통 전통적인 사찰에서는 저녁 9시에 취침해서 새벽 3시면 기상하는데, 이 시간에 일어나는 것은 참으로 중요한 의미가 있다.

부처님께서는 해 질 무렵에 한 시간가량 재가신도를 위해 설법하시고, 오후 6시에서 10시 사이에는 비구스님들을 위해 설법하시고, 저녁 10시에서 새벽 2시 사이에는 육체적으로는 쉬시면서 천상의 신들을 위해 법문하셨으며, 새벽 2시에는 잠시 경행을 하시고 다시 새벽 3시부터 한 시간가량 취침을 하셨다고 한다. 부처님께서 4시쯤으로 기상시간을 정하신 것은 아마도 일반 대중들이 일어나는 시간에 맞추시려고 하신 것 같다.

남방 불교권에서의 보통 기상시간은 해 뜨는 4시에서 5시 사이이고, 이는 티벳 불교도 대동소이하다(물론 특별기도기간에는 새벽 2시 30분에 기상하기도 한다). 사실 세계불교계에서 한국불교가 아마 제일 이른 시간에 일어날 것이다. 기본이 새벽 3시에 도량석을 울리는데다, 극소수의 선원은 1시 30분에 기상하기도 하고, 여기 우리가 사는 지리산은 새벽 2시 30분에 기상을 하니 말이다. 요즘같이 대다수가 올빼미족인 현대인에게는 절집의 이른 기상 시간은 다소 이상하게 보여 질 수도 있을 것이다.

그러나 우리 수행의 핵심이 바로 '음욕심을 자비심으로 전환하는 것'임을 이해한다면 새벽에 일어나서 초롱초롱 깨어있는 습관이 얼마나 우리 수행에 도움이 되는지 짐작할 수 있을 것이다. 옛날부터 우리 조상들은 인시(새벽 3시~5시)에 일어나면 몸의 양기를 극대화하여 쉽게 건강을 지킬 수 있다고 하였고, 예로부터 영물들은 인시의 생기를 이용할 줄 알았다고 하는 말도 있다.

이를 수행적으로 해석하면, 자각력을 극대화하기 위해, 잠이라는 무의식 상태에 빠지지 않고, 우주의 리듬에 부합하여 의식이 깨어나도록 하는 것이다. 다시 말해, 음욕심을 자비심으로 전환하기 위해서는 자신의 자각력을 의식에서 무의식으로 확장시켜야 한다. 스스로를 제어할 수 있는 낮 동안에는 의식적인 수행이 가능하다 해도, 잠이라는 무의식에서는 보통 그 수행이 지속되기가 참 힘들다. 그래서 예부터 수행자는 오래 잠을 청하지 않고, 온갖 방법을 동원하여 자신의 각성상태를 의식적으로 유지하고자 노력했던 것이다.

새벽에 샛별처럼 초롱초롱 깨어있는 것. 이것은 수행자가 스스로의 수행이 얼마나 진척되고 있는가를 판단할 수 있는 참으로 귀중한 기준이 된다. 불교에는 '경안輕安'이라는 것이 있다. 몸과 마음이 가볍고 상쾌하고 편안하다는 의미이다. 우리의 의식이 깨어나면 깨어날수록, 음욕심이 자비심으로 전환되면 될수록, 우리의 몸과 마음은 무겁고 가라앉는 것에서

점차 경안으로 나아갈 수 있게 되는 것이다.

  무겁고 가라앉는 마음 즉 '혼침昏沈'은 몸과 물질에 종속된 마음이다. 수만 생을 거듭해 오면서 음욕심으로 또 다시 태어나고 죽는 일을 되풀이하는 동안, 우리는 경안보다는 혼침에 익숙해져 있다. 수천 년을 흘러온 물줄기의 방향을 트는 일이 어디 쉬운 일이겠는가? 그러나 큰 신심과 강한 의지력, 선지식의 바른 지도가 있다면 반드시 그 물줄기를 틀어, 물이 산으로 올라가는 소식을 알 수 있게 될 것이다.

하심下心은 하는 것이 아니라 되어지는 것이다

큰절에 가면 대부분의 행자 방에는 큰 글씨로 '하심下心'이라고 붙어있다. 하심이란 마음을 낮추라는 것이다. 세속의 때를 벗고 부처님의 마음과 닮아가기 위해, 아상我相을 꺾고 자신을 낮추라는 의미가 담겨 있다. 요즘에는 '하심'이라는 이 두 글자에 '하시오'라는 말을 덧붙이기도 한다.

'하심下心 하라.'

어찌 보면, 말이 되는 것도 같지만, 사실 하심은 '하는 것'이 아니라 '되어지는 것'이다.

티벳에서는 큰스님들끼리 만나서 인사하실 때, 마치 경쟁이라도 하는 듯이 한없이 몸을 낮추는 모습을 볼 수 있다. 진정한 하심이란 행자들의 덕목이 아니라 큰스님들의 덕목이다. 한없이 자애롭고 아상我相의 흔적을 볼 수 없는 큰스님들의 마음이 바로 '하심'이라 할 수 있다. 그래서 하심이 저절로 되어지는 마음은 '무아의 성품'을 체득한 사람들에게 가능한 것이라 할 수 있다.

'아상'이라는 것은 무조건적으로 꺾거나 척파해야 하는 그 무엇이 아니다. 세상만사도 그러하듯이, 모든 존재는 최고의 '상'으로 자신을 꽃피운다. 벼가 익으면 저절로 고개를 숙이듯이, 오직 자신의 상을 최고로 꽃피워 본 존재만이 저절로 자신을 낮출 수가 있게 되는 것이다.

그래서 절집에 갓 들어온 행자들에게나 사미, 사미니스님들에게 '하심'이 강요되어져서는 안 된다. 오히려 이 세상에서 가장 아름다운 상, 즉 부처의 상을 꽃피울 수 있도록 스스로가 부처라는 상을 심어 줄 필요가 있다.

강요되어지는 하심은 마음속에 부작용을 초래한다. 강요되는 하심은 거짓된 하심을 낳게 되고, 이러한 거짓된 하심은 큰스님이 될수록 '겸손과 이해'의 미덕이 사라지게 되는 원인이 될 수 있다.

허공을 바라볼 수 있나요?

얼마 전, 30대 불자들이 7명 정도 모여 법문을 듣는 시간을 갖게 되었다. 그 자리에서 스님께서는 우리들에게 다음과 같은 질문을 던지셨다.

"허공을 볼 수 있는 사람?"

모두들 무슨 뜻인지 알아차리지 못하자, 스님께서는 웃으시면서 작은 좌복을 하나 들어 보이셨다.

"이 좌복과 여러분 사이에 있는 허공만을 볼 수 있나요? 다른 사물이나 경계에 잡히지 않고, 허공만을 볼 수 있는 사람?"

어리둥절해 하는 우리에게, 스님께서는 잠시 동안 대상이 아닌 허공을 바라보라고 하셨다. 그리고 비록 당장에는 허공이 인식되지 않더라도 자꾸자꾸 밝게 살펴보면, 대상 경계를 떠난 무형의 어떤 것에 대한 자각력이 생기게 되고, 그럴수록 우리의 성품인 공성空性을 인식하는 데 많은 도움이 된다는 것을 말씀해 주셨다.

사실, 우리의 눈은 눈앞에 보이는 대상에 늘 끄달리기 때문에, 무형의 무언가를 볼 수 있다는 것은 생각조차 하지 않는다. 우리의 마음은 육근六根인 안이비설신의(눈·귀·코·혀·몸·뜻)를 통해서 항상 바깥으로만 향하기 때문에, 모양도 색깔도 소리도 냄새도 없는 우리의 본래 성품은 보지 못하는 것이다.

우리는 수많은 생을 거듭해 오면서, 눈은 자꾸만 바깥의 어떤 것을 보려고 하고, 귀는 자꾸만 바깥의 어떤 소리를 들으려 하며, 코는 냄새를, 혀는 맛을, 몸은 감촉을, 뜻은 생각을 취하는 데 길들여져 왔다. 바깥으로 향하는 것을 돌려, 보는 놈을 보고, 듣는 놈을 들을 수 있어야 하는데, 자꾸 바깥으로만 향하니 옛 선지식들은 이를 일러 여섯 도둑이라고까지 말씀하셨다.

늘 바깥으로만 향하던 마음이 안으로 향하게 되면 어떤 일이 일어날까? 늘 바깥으로만 치닫던 마음이 문득 안을 향하게 되면, 우리는 볼 수 없는 것을 분명히 보게 되고, 들을 수 없는 것을 분명히 듣게 되는 일이 벌어진다.

볼 수 없는 것을 보고자 한다면,
허공을 보고자 한다면,
스승들의 눈을 바라보라.

만일 허공과 같은 자기 자신의 참된 모습을 보고자 한다면, 모든 선지식의 눈처럼, '순수한 바라봄'만 남긴 채 군더더기는 모조리 제거할 필요가 있다. 순수한 바라봄을 회복하기 위해서는 그것을 가리고 있는 삼독심(탐욕·화·어리석음)이라는 군더더기를 걷어내야 하는 것이다. 이 허망한 사대地·水·火·風로 만들어진 몸뚱이가 '나'라는 착각, 그리고 그 착각을 공고히 하는 모든 탐착들을 제대로 인식해야 한다는 것이다. 가장 쉽게 예를 들면, 술과 담배라는 아주 거친 탐착에서부터 고기와 오신채, 그리고 온갖 음욕들에 대한 탐착들, 그렇게 하나씩 점점 더 세밀하게 살펴 나아가야 한다. 삼세육추라고 불리는 아주 거친 탐착부터 아주 미세한 탐착까지 말이다.

예전에 스님께서는 찐빵이나 붕어빵만 보면 꼭 한두 개씩 사시곤 하셨다. 스님께서 가장 배고프고 힘드셨던 시절, 공장에서 일을 마치고 나올 때, 공장 앞에서 뜨거운 김이 모락모락 피어오르던 그 찐빵은 30여 년이 지나서도 당신에게 강한 기억으로 남아 있기 때문이다. 그러나 스님께서는 가끔 그렇게 찐빵을 하나 사시고는, 우리들에게 늘 웃으시면서 꼭 이렇게 말씀하셨다.

"내는 지금 이 찐빵 사면서도 스스로 지켜보고 있다. 한창 기력이 왕성할 때, 돈은 없재, 배는 고프재. 그 때 그 찐빵 냄새를 맡으면 얼마나 그게 먹고 싶었겠노."

그리고 어느 날, 다시 찐빵 앞을 지나가게 되었을 때, 스님께서는 크게 웃으시면서 말씀하셨다.

"야, 이제 내는 저거 졸업했다. 다시는 안 속는다. 이제는 내가 찐빵을 봐도 웃으면서 지나갈 수 있다."

그 때 이후로 스님께서는 다시는 찐빵을 사지 않으셨다.

우리를 가리고 있는 탐착들은 이렇게 철저하게 깨어있는 마음으로 지켜

봄으로써 떨어져 나갈 수 있다. 탐착들을 억지로 억누르면 진정한 자유는 얻을 수 없다. 억지로 눌러버린 탐착은 돌로 눌러놓은 풀과 같아서 조금 눌러진 듯해도 돌만 치우면 어느새 무성하게 자라게 되어 있기 때문이다. 그래서 스님께서는 이곳에 찾아오시는 분들께 이렇게 말씀하신다.

"세상에서 해 보고 싶은 것, 얼른 다 해 보이소. 그 미련이 남아 있으면 공부해도 그냥 겉으로만 할 뿐, 진정한 공부는 어렵습니다. 지혜로운 사람은 직접 다 해 보지 않아도 스스로 살펴보아 미련을 떨쳐버릴 수 있지만, 그렇지 못하다면 얼른 해 보고 떨쳐버리는 것이 가장 빠른 길입니다. 술, 담배, 지금 당장에 끊지 못하더라도 내가 언젠가는 꼭 끊는다고 생각하이소.

그런 다음에는, 이 아까운 시간에 죽음을 준비해야 합니다. 우리가 집에 불이 나면, 가장 값진 것을 들고 뛰어 나오지요? 우리가 죽을 때, 이 사대로 만들어진 몸뚱이라는 집에 불이 나서, 정말 정신없이 뛰쳐나오게 됩니다. 그 때 우리는 가장 소중한 것을 들고 나와야 합니다.

집에 불이 나자, 정신없이 뛰어나온 엄마가 아들인 줄 알고 안고 나온 것이 베개였다는 이야기 들어본 적 있지요? 하물며, 집이 타도 그렇게 정신이 없는데, 우리가 죽을 때는 고마 상상도 못합니다. 바로 지옥·아귀·축생이라는 삼악도의 베개를 안고 뛰어나오게 되는 것입니다."

자기 아기인 줄 알고 베개를 안고 나오는 그런 실수를 죽음의 순간에 하지 않으려면, 평소에 자각력을 키워서 '탐욕과 화, 어리석음'을 버려야 할 것이다.

부처님의 십대제자 중에서 지계가 가장 뛰어나셨던 우빨리 존자께서 젊은 출가자들에게 들려주셨던 다음의 게송은 우리가 세상을 어떻게 살아야 죽음의 순간, 가장 소중한 것을 들고 나올 수 있는지에 대한 가르침이라고 생각한다.

신심으로써 욕락을 버리고
일찍 발심한 젊은 출가자들은,
영원한 것과 영원하지 않은 것을
똑똑히 분간하면서,
걸어가야 할 길만을
고고하게 찾아서 가라.

발을 부처님 대하듯 하라

"발을 부처님 대하듯 하라."

　스님께서는 늘 그렇게 말씀하셨다. 그래서인지 당신께서 30살에 불법을 만나신 이후, 가족 모두의 발을 하나하나, 따뜻한 물에 정성껏 씻어주셨다고 하신다. 그 때 식구들의 발을 씻어주면서, 마음속으로 모두가 불도에 귀의하기를 간절히 염하셨다고 하시면서 빙그레 웃으셨다.

　평소에 스님께서 당신 발을 씻으실 때에도, 정말로 정성을 다해서 어루만져 주신다. 스님 말씀처럼, 발은 우리 몸에서 가장 고생하면서도 대접을 못 받는 존재라는 생각이 든다. 늘 몸을 지탱하고 하루 종일 서고 걸으면서도 햇볕 한번, 바람 한번 제대로 못 본 채 고생을 하니 말이다.

　「관세음보살보문품」을 보면, '관음묘지력 능구세간고 觀音妙智力 能救世間苦'라는 말이 나온다. 스님께서 이 구절을 우리의 수행과 관련하여 다음과 같은 말씀을 해 주셨다.

　"「관세음보살보문품」에 보면, '관음묘지력 능구세간고'라는 말이 나온다. 이 말은 '관음의 묘한 지혜의 힘이 능히 세간의 고통을 구한다'라는 뜻인데, 이 말의 뜻을 좀 더 잘 이해할 필요가 있다. 관음이라는 말은 관세음보살님만을 말하는 것이 아니고, 소리를 잘 관하는 것을 말하기도 하거든.

이근원통耳根圓通이라고 들어 봤재? 말세 중생이 깨달음을 얻을 수 있는 최고의 방편이 이근원통 수행이라고 『능엄경』에도 나와 있다.

우리가 소리를 잘 관하면, 실제 세간의 모든 고통에서 벗어날 수가 있다. 무량한 중생이란 저 멀리 바깥에 있는 중생만을 말하는 것이 아니다. 우리 몸에 있는 수십 억 개의 세포들이 다 하나하나의 중생들이다. 우리 몸은 무량한 중생들로 이루어져 있지. 그래서 우리는 일단, 우리를 이루고 있는 이 무수한 중생들의 소리에 귀를 잘 기울여야 해.

세상 사람들은 마음이 괴롭다고 술을 마구 마시고, 담배를 피우잖아. 몸에서는 자꾸 싫다고, 괴롭다고 아우성을 치는데, 그 아우성 소리를 자신의 욕심과 성냄, 어리석음으로 듣지 못하고 자기 하고 싶은 대로 계속 술을 마시고 담배를 피운단 말이지. 그러면 어떻게 되겠어? 그 위장과 폐, 그런 중생들이 '오냐, 네가 내 말을 안 듣고 나를 괴롭혔재? 그럼 나는 이제 너와는 끝내야겠다.'라고 하면서, 전혀 다른 유전자 즉 암세포로 바뀌는 일이 생기는 거야."

우리의 발을 부처님 대하듯이 하면, 즉 우리 몸의 소리를 잘 듣기 시작하면, 수많은 중생의 소리에 귀를 기울이고 자각하기 시작하면, 몸과 마음의 속도를 함께 하는 마음공부를 할 수 있게 된다.

"서울 같은 대도시에서 교통체증으로 갑자기 차가 꽉 막혀서 길에서 오도 가도 못하는 일이 생겼다고 해 봐. 차안에 있는 사람들은 어차피 앞 차들이 꽉 밀려서 가지도 못하는데, 마음은 그렇지 않단 말이지. 빨리 가고 싶은 그 생각에 마음은 조급해지고, 그러면 그 스트레스로 인해 몸에서는 안 좋은 독소물질이 배출되면서 몸과 마음이 다 함께 망가지기 시작하는 거야."

그래서 스님께서는 몸과 마음이 함께 가는 것을 늘 강조하신다. 몸 먼저 가지 말고, 마음 먼저 가지도 말고, 두 가지가 하나가 되어 가는 것. 우리가 몸과 마음의 소리를 잘 관하게 되면 어렵지 않게 몸과 마음을 하나로 만들 수 있다. 차 한 잔을 마실 때도, 밥을 먹을 때도, 일을 할 때도, 참선을 할 때도, 몸과 마음이 함께 한다면 큰 행복감을 느끼게 된다.

보통 수행하는 사람들은, 몸은 무시한 채 마음만을 보려고 하는 경우가 많다. 그러나 스님께서는 이러한 수행이 결국 몸을 망치는 결과를 낳게 된다고 말씀하신다.

"참선을 할 때 보통 선방에서 50분 좌선하고 10분 경행을 하잖아. 그 이유가 다 우리의 몸의 구조상, 50분이 가장 알맞은 시간이기 때문이야. 욕심이 앞서서 오랜 시간 앉아 있으면, 반드시 몸을 괴롭힌 만큼 대가를 치르게 되어있는 것을 사람들이 몰라. 인도의 라마나 마하리쉬도 오랜 시간 삼매에 들어있었기 때문에 말년에 다리가 아파서 제대로 앉기 힘들어 하셨잖아. 우리나라의 큰스님들 중에 용맹 정진을 했던 스님들이 다 말년에는 장좌불와를 했던 만큼 누워 있었다는 사실을 사람들이 몰라요. 그저 장좌불와해서 대단하다고 하지. 에고가 강한 사람들일수록 용맹 정진을 좋아해. 제대로 된 준비 없이 소신공양한다고 손가락을 태우거나 하면 두고두고 고생한다. 소신공양으로 유명한 어느 스님도 몸의 고통을 감당할 수 없어서 양주를 드셨잖아. 다 에고의 장난에 넘어간 거야.

부처님께서 육년 고행을 하셨는데, 그것이 진정으로 깨달음으로 가는 길이었으면 다들 그 길을 따라오라고 하셨겠지. 거문고 줄 타듯 하라고 하신 말씀을 꼭 기억해야 한다. 이 세상 어느 부모가 고생 무지하게 해서 돈 벌고 나서, 자식에게 너도 나만큼 고생해 보라고 하나? 하물며 부처님은 사생자부이신데, 아주 쉽게 그 깨달음의 길을 일러 놓으셨는데, 사람들이 에고 때문에 어리석어서 그것을 보질 못하는 거지. 소중한 인간 몸 받았을 때 중생에게 회향을 잘 해야지."

참선할 때에, 무릎이 아프거나 다리가 저릴 때, 몸에서 일어나는 고통을 빨리 해결하려고 우리의 마음이 조급해지지는 않았는지 잘 살펴볼 필요가 있다. 세밀하게 살필수록, 우리는 우리 몸을 이루고 있는 중생의 소리와 함께 부처의 소리도 들을 수 있게 되기 때문이다.

"사람들은 타심통이 있다고 하면 대단한 것이라고 생각하지만, 듣는 수행을 제대로 하는 사람에게 타심통은 참 자연스러운 거야. 모든 사람들이 상대방과 말을 할 때, 그 사람의 마음을 진정으로 들으려고 하지 않거든. 상대방이 이야기를 해도, 마음속으로는 '저 말이 끝나면 이 말을 해야지'라고 생각하지, 상대방이 지금 어떤 상태인지, 무엇 때문에 괴로워하는지 관심이 없거든. 그래서 타심통이 안 생기는 거야."

자신의 마음을 세밀하고 세밀하게 살펴, 한 생각이 일어나는 그 순간을 알아차릴 수 있다면, 그리고 그 생각을 선한 마음, 중생을 이롭게 하는 마음으로 전환할 수 있는 힘이 있다면, 점차 소리를 통해 소리 없는 소리로 다가갈 수 있는 것이다.

"사실, 우리나라의 전통사찰은 모두 관세음보살의 이근원통으로 장엄되어 있다. 우리가 조금만 반짝이는 눈으로 살펴보면, 우리의 예불의식들, 종치고 북치고, 염불하는 그 모든 것이 다 이근원통 수행이라는 것을 알 수 있어. 다만, 우리가 문득 그 소리를 통해, 소리 없음의 소리, 우리의 근원으로 돌아가지 못하는 것은 모두가 우리의 삼독심 때문이라는 것을 늘 명심해야 한다."

한 손바닥으로 치는 소리, 구멍 없는 피리소리를 들으면 생사의 고통에서 벗어나 대자유인이 된다. 그러나 우리의 마음이 탐·진·치로 가득 차 있다면, 우리는 먼저 우리의 발이 외치는 소리부터 듣기 시작해야 할 것이다.

백의관음무설설 白衣觀音無說說
백의관음은 설함 없이 설하시고,
남순동자불문문 南巡童子不聞聞
남순동자는 들음 없이 들으시네.
병상녹양삼제하 甁上綠楊三際夏
병 속의 푸른 버들은 언제나 여름이고,
암전취죽시방춘 巖前翠竹十方春
바위 앞의 푸른 대나무 어디나 봄이라네.

아! 보드가야!

　　　　　　　　　　　　　부처님께서 깨달음을 얻으신 곳, 보드가야! 2006년 말 우리에게 인도를 다시 방문할 소중한 기회가 생겼다. 지난번 동국대 해외 탐방 때는 부처님 성지도 못 가보고 해서 무척 아쉽게 돌아와야 했었는데, 이번에는 부처님 성도지인 보드가야에서 빨리어 수업할 사람들을 뽑는 불교단체가 있다고 동국대의 아는 스님에게서 연락이 온 것이었다. 그래서 비행기 값과 체류비가 지원이 되었던 이 값진 기회로 우리는 꿈에 그리던 보드가야에 갈 수 있었다.

　보드가야에 도착해서 우뚝 솟은 대탑을 바라보니, 가슴에는 말로 형용할 수 없는 감동이 밀려오고, 눈에서는 참을 수 없는 눈물이 계속 흘러내렸다. 대탑 주변을 탑돌이 하는 수많은 사람들, 오체투지로 대탑을 참배하는 신심 있는 불자들, 또 보리수 아래에서 기도하고 명상하는 간절한 수행자들. 부처님의 위대한 깨달음의 씨앗이 이렇게 수많은 이들의 가슴 속에서 싹을 틔우고 있다니, 부처님의 은혜가 한없이 느껴졌다.

　우리 또한 수많은 사람들의 물결을 따라 대탑을 돌자니, 가슴에서는 부

● 보드가야의 대탑 앞에서, 환희심의
눈물을 삭혀가며 찍으셨다는데….

처님의 위없는 깨달음에 대한 감사의 마음과 스스로에 대한 참회의 마음이 저절로 우러나왔다.

한 달 동안, 보리수나무 아래에서 아침저녁으로 참선을 했었는데, 스님께서는 매일 대탑에서 기도하는 사람들을 유심히 살피시면서, 유독 신심이 장하고 지극한 수행자들에게는 꼭 보시를 하셨다.

그 중에 가장 기억에 남는 사람은, 한쪽 다리가 없어 목발을 짚어가면서도 하루도 빠짐없이 탑돌이를 했던 티벳 청년이었다. 목발 짚은 청년의 간절함과 강인함. 그 속에서 느껴지는 당당함을 유심히 보시고는, 스님께서 하루는 그 사람에게 보시를 하셨는데, 그 이후로 매번 탑돌이를 하면 한 번도 빠짐없이 스님에게 다가와 눈을 마주치고 반갑게 인사하곤 했었다. 그 눈빛만으로 서로에게 많은 힘이 되는 것 같았다.

대탑을 찾는 분들 중에는 티벳의 순례객들이 꽤 많았는데, 티벳 어른들에게는 대탑이 순례의 장소이지만, 인도와 티벳의 동자승들에게는 일종의 놀이터와 같은 곳이다. 하루 종일 대탑 주변을 뛰어다니면서, 능숙하게 진언을 외우기도 하고, 길에 앉아 탁발도 해 가면서 하루를 보내는데, 가끔은 장난을 치다 사원 관리인에게 걸려, 막대기를 들고 쫓아오는 관리인과 신나는 술래잡기를 하기도 한다.

우리는 그 동자승 중에서 유난히 장난기가 심했던 '체이상'이라는 티벳 닝마파 스님과 친해지게 되었다. 체이상은 네팔에 있는 사원에 사는데, 기도행사에 맞춰 사원의 모든 스님이 보드가야에 왔다고 한다. 아버지도 스님, 할아버지도 스님이란다. 가끔은 우리의 저녁 참선시간에 맞춰서 보리수 밑으로 오기도 했는데, 스님께선 체이상을 당신 앞에 앉히고 함께 참선을 하셨다. 그 모습을 보게 된 사원 관리인. 막대기 든 손은 뒤로 한 채, 믿을 수 없다는 표정으로 한참을 지켜보곤 했다.

● 길바닥에 온몸을 엎드려 오체투지를 올리는 사람들.

참선이 끝나면, 우리는 체이상에게 저녁을 먹었느냐고 묻고, 체이상을 비롯한 그 친구 동자승들을 우르르 데리고 근처의 식당으로 가곤 했다. 이 꼬마 친구들이 제일 좋아하는 메뉴는 바로 야채 볶음밥! 너무나 천진하고 늠름하게 주문하고, 또 신나게 볶음밥을 먹는 모습에, 식당에 온 다른 손님들까지 행복해 했다.

간절한 수행자는 서로 바라만 보아도 통하는 모양이다. 하루는 스님께서 참선을 하고 계시는데, 태국에서 온 스님이 스님 앞에 무릎을 꿇고 절하면서 너무나 맛있어 보이는 사과 한 개를 공손히 공양 올렸다. 그 스님은, 스님께서 진실 되게 참선하는 모습을 매일 지켜보고 있었는데, 자신이 참선하던 자리를 옮기게 되어서 그 전에 인사를 드리고 가고 싶었다고 하였다. 비록 사과 한 개로 나누는 인사였지만, 이름 모를 수행자들의 소박하고도 순수한 만남은 보는 이로 하여금 오래도록 기억에 남게 하였다.

각국에서 모여든 수행자들의 간절한 모습들. 깊은 헌신과 넘치는 신심으로 길바닥에 온몸을 엎드려 오체투지를 하면서도 자신 앞에 나방이나 개미가 보이면 늘 조심스럽게 사람들이 잘 다니지 않는 길에 옮겨주는 티벳 불자들. 대탑 주변의 부도 탑 사이 구석진 곳에서 매일같이 명상하는 세계 각국의 스님들. 새벽 일찍부터 스승의 사진 앞에서 정성껏 오체투지를 올리는 사람들. 또 이른 새벽에 인연되는 사람에게 탱화를 공양 올리던 서양 보살님과 매일같이 대탑 앞의 거지들에게 돌아가면서 빠짐없이 보시를 하시던 티벳 노스님의 자비로운 모습. 한 분 한 분, 간절한 그 모습이 지금도 눈에 선하다.

이 세상이 아름다운 것은 아마도 이렇게 간절한 신심과 수행, 그리고 참다운 베풂으로 세상을 맑히는 사람들이 있기 때문이 아닌가 한다.

대탑을 떠나던 마지막 날, 스님께서는 보리수 앞에서 간절하고도 당당한 목소리로 이렇게 말씀하셨다.

부처님의 가르침 따라 세세생생 보살도의 삶을 살겠습니다.
부처님의 가르침 따라 세세생생 보살도의 삶을 살겠습니다.
부처님의 가르침 따라 세세생생 보살도의 삶을 살겠습니다.

인도에서 돌아온 지금도, 스님의 목소리가 내 가슴에서 잔잔하게 퍼지고 있다.

보드가야를 더욱 향기롭게

● 보드가야 대탑 앞에서 채식운동을 하고 있는 티벳동물보호 단체(TVA) 회원들.

보드가야의 대탑을 돌고 있는데, 아주 큰 플래카드가 눈에 들어 왔다.

"모든 중생의 해탈을 염원하는 수행자가 어찌 중생의 살을 먹을 수 있겠는가?"

보드가야의 대탑을 참배 온 많은 수행자들을 일깨우기 위해서, 티벳동물보호단체에서 붙인 문구였다.

자세히 살펴보니, 이 플래카드 외에도 대탑 구석구석에는 채식을 권장하는 많은 포스터들과 기도문들이 붙어 있었다.

이 단체의 자원봉사자들은 도살장면이 담긴 사진들을 전시하기도 하고,

채식을 권장하는 고승(Kyabje Chatral Rinpoche)의 법문을 유포하기도 하면서, 티벳인들과 세계인들에게 채식운동을 벌이고 있었다. 맨 처음 이 단체가 생겼을 때, 주위 사람들이 "티벳인들이 고기를 포기하는 것은 거의 불가능하다."며 많이들 말렸다고 한다. 그러나 인도 곳곳에서 벌이고 있는 이들의 운동은 벌써 많은 티벳 사람들에게 영향을 미치고 있었다.

우리가 보드가야에 있었을 때, 티벳 까규파의 대기원법회가 열렸었다. 4천명이 넘는 스님들과 세계 각지에서 온 2천명이 넘는 불자들로 가득 메워진, 정말 대단한 야단법석이었다. 이 법회를 이끄신 분은 다름 아닌 티벳 까규파 제17대 법왕인 까르마빠 존자였는데, 갓 20살을 넘긴 나이에도 불구하고 지혜와 덕상을 구족하신 모습이었다.

그런데 하루는 이 분께서 기원법회 도중에 채식에 대한 법문을 하셨다. 이 법문은 영어, 중국어, 한국어, 러시아어로 동시통역되어 그 자리에 참석했던 티벳 스님들과 전 세계 불자들에게 전해졌다.

까르마빠께서는 티벳의 어느 가난한 유목민 집안에 태어나셨다. 그 때문에, 어렸을 때부터 가축을 도살하는 장면을 때때로 보아왔는데, 그 때마다 도살되는 동물에 대한 연민심으로 무척이나 괴로웠다고 하신다. 그 이후 채식에 대해 언급한 역대 조사들의 어록과 경전 등을 수없이 읽었어도, 당신이 어렸을 때 느꼈던 그 당시의 연민심만큼 강렬한 느낌은 받지 못했다고 하시면서, 불자들에게 자기 자신에게 내재된 자비심의 힘을 믿어보라고 당부하셨다.

● 티벳 까규파 17대 까르마빠를 친견하고 기념촬영을 하신 스님들.

까르마빠께서는 세계인이 모인 자리에서 이 특별법문을 통해, 대승불자 자는 왜 채식을 해야만 하는지를 상세히 설명하시면서, 앞으로 까규파에 속하는 모든 사원에서는 육식을 금한다고 선포하셨다. 비록 당신 스스로 채식을 시작하신 지는 몇 년 되지 않았지만, 티벳 불교의 큰 어른으로서, 간절한 수행자의 한 사람으로서, 또 세계적 종교지도자로서 큰 모범을 보이신 것이다.

또한 불자님들이 당장 채식으로 바꾸지 못하더라도, 서서히 고기를 줄여야 한다고 독려하시면서, 그 자리에 있는 사람들에게 하루에 한 끼만 고기 먹을 사람, 일주일에 한 번만 고기 먹을 사람, 기도 기간 중에 고기 안 먹을 사람 등을 제안하시며, 자신이 결심한 사항에 손을 들게 하셨다. 존자님의 자상하신 질문과 격려에, 법회에 참석했던 사람들은 채식에 대한 나름대로의 서원을 세우고 실천할 것을 다짐했으니, 이 얼마나 자비로운 스승의 모습인가?

고기보다 풀이 더 귀한 설산고원 티벳, 고기를 주식으로 삼았던 티벳 사람들. 그러나 자비심에 대한 가르침을 소중히 했던 티벳 불교는, '인도'라는 새로운 환경에서, 또 이제는 채소를 구입하는 것이 수월해진 변화된 환경 속에서, 스스로 부처님의 올바른 가르침을 향해서 나아가고 있는 것이다.

까르마빠 존자를 비롯한 많은 선지식들이 이 모든 뜻 깊은 변화를 이끌어 내기 위해 베푸신 크나큰 자비심을 보면서, 이제는 한국불교도 이런 가치 있는 흐름에 동참해서, 지도자인 스님들이 앞장서서 채식에 대한 법문과 실천행을 적극적으로 해 주셨으면 하는 바람이 들었다. 많은 한국의 불자님들이 어른스님들을 보고 자연스레 따라 배워서, 세상을 이롭게 하는 채식의 무한한 공덕을 알게 되고, 각자가 생활에서 대자대비를 실천하게 된다면 참 좋겠다.

● 둔게스와리 정상에서 참선하시는 정봉 스님

부처님 6년 고행지, 둔게스와리

부처님께서 6년 고행하신 곳은, 깨달음을 얻은 보드가야에서 차로 1시간 떨어진 거리에 있다. 그야말로 나무 한 그루 없는 바위로 된 척박한 산이었다. 우리는 산등성이를 따라 산을 종주했었는데, 밑으로 내려다보이는 풍광이 마음을 시원하게 해 주었다.

가족과 왕궁을 뒤로 한 채, 생사문제를 해결하기 위해 온갖 난행고행을 하셨던 부처님…. 부처님께서는 이곳에서의 6년 고행 끝에 기력이 다해 쓰러지셨는데, 수자타라는 처녀가 공양 올린 우유죽을 드시고 다시 원기를 회복하셔서 보리수 아래에서 도를 이루셨다.

산 정상에서 참선을 하고 내려오면서, 스님께서는 다음과 같은 법문을 해 주셨다.

"부처님께서 수자타가 올린 유미죽을 먹고 기력을 회복하셔서 깨달음을 얻으셨다고 하잖아. 우리가 좀 더 반짝이는 눈으로 살펴보면, 이 이야기에는 아주 중요한 상징적인 의미가 있어. 부처님께서 드신 우유란 자비심의 정수를 의미하기도 해. 한번 생각해 봐라. 어미 소가 새끼를 향한 사랑의 마음이 얼마나 지극했으면 피가 우유로 변했겠노. 그리고 '처녀 수자타'에도 '순수함'이라는 의미가 담겨 있다. 결국 수자타의 유미죽이란 '순수한 마음'의 동기와 우유라는 '자비'의 정수를 통해서 우리가 도에 들 수 있다는 뜻을 담고 있단다."

둔게스와리 바위산을 내려오니, 산 입구부터 저 멀리 아래 길까지 걸인들이 줄지어 있다. 그 끝이 보이지 않게 길게 앉아 있는 걸인들에게, 각국에서 온 불자들은 맨 첫 사람부터 끝 사람까지 사탕이나 과자, 동전 등을 정성스럽게 보시하였다. 우리들도 사탕과 동전을 준비해서 하나하나 그 사람들 손에 우리의 조그만 선물을 전해주었다.

불자들이 이렇게 보시한 인연으로, 걸인들의 마음에 '부처님'을 가까이 하면, 늘 배고픔을 면하고 뭔가 좋은 것이 생긴다는 믿음이 생기니 이 얼마나 다행한 일인가! 또 우리들은 부처님의 성지를 '보시로 장엄할 수 있는' 좋은 기회가 주어지니, 이 얼마나 행복한 일인가!

● 둔게스와리 산 정상에서 현현 스님, 천진 스님

나눌수록 하나가 되는 보시

이 세상에는 절대 못 말리는 것이 세 가지 있다고 한다. 그것은 바로 벌 떼, 거지 떼, 중 떼이다. 벌은 몰라도, 거지들과 스님들이 '이판사판'이 가능한 이유는 아마도 더 이상 잃을 것이 없기 때문이리라.

이 못 말리는 거지들과 못 말리는 스님들이 만나면 어떻게 될까? 대부분 하나를 주면 둘을 달라고 하고, 둘을 주면 넷을 달라고 하는 거지들은 내심 수행자의 허울 좋은 인내심을 확실하게 실험대에 올려놓고야 만다.

하지만 우리는 두 달 동안 인도에 있으면서, 이 세상에서 제일 못 말리는 사람이 우리 스님이시라는 것을 다시 한 번 느낄 수 있었다. 모든 방편을 다양하게 쓰시는 스님의 보시 전략! 기본적인 재물 보시로 시작해서 무주상 보시까지, 스님께서는 가시는 곳마다, 함께 하는 존재들을 행복하게 해 주시는 데는 정말 타고나신 분이다. 그래서인지 인도에 머무는 시간이 늘어날수록, 우리가 지나다니는 길에는 늘 스님을 기다리는 사람들이 늘어만 갔다.

● 한손에는 깡통, 한손에는 동생을 안고 구걸하는 인도 소년

이야기 하나

부처님께서 깨달으신 곳인 보드가야는, 끊임없이 우르르 달려드는 거지들을 용케도 일렬로 세우고, 한 끼의 따뜻한 음식, 따뜻한 차 한 잔을 베푸는 사람들을 매일 볼 수 있는 곳이기도 하다. 아침에 우리가 보드가야 대탑에서 기도를 마치고 나오면 새하얀 이빨을 드러내고 함박웃음을 지으면서 우리에게 다가오는 소녀가 있었으니, 그 이름 하여, '쌍끼따'.

대탑에서부터 우리가 머물렀던 숙소까지 하루도 빠지지 않고 따라와서 동전을 받아갔던 나름 노력파였다. 스님은 대탑에서 숙소까지 쌍끼따에게 "나무 아미타불, 관세음보살"을 따라하게 하셨는데, 며칠이 지난 하루는 스님께서 쌍끼따에게 당신의 이름을 가르쳐 주시면서, "이제 내 이름 못 외우면 돈 없다~."라고 하셨다.

다음날, 쌍끼따는 전과 같이 아침기도를 마치고 나오는 우리에게 달려와서 씩 웃으면서 "나마스테, 아미타불, 원 루피~."라고 하였다. 그러자 스님께서는 "유어 네임 쌍끼따, 마이 네임?"이라고 물으셨다. 순간 심각해진 쌍끼따, 그새 이름을 까먹은 모양이다. 스님께서 돈을 못 준다고 하시니까, 자신도 할 말이 없는지 시무룩해져서 돌아선다. 그 다음날도, 혹시나 하는 마음에 막 달려와서 인사를 해도, 여전히 스님께서 "마이 네임?"이라고 물으시면 시무룩해져서 돌아서야만 했다. 그 후로 며칠 동안, 쌍끼따는 멀리서 우리를 바라만 볼 뿐, 그 특유의 하얀 미소를 보이지 못했다.

그러던 어느 날, 우리가 아침 기도를 마치고 나오는데, 저 멀리서 익숙한 목소리가 들려온다. 뒤를 돌아보니 쌍끼따다. 얼굴에 함박웃음을 띠고 우리에게 뛰어오면서 하는 말, "쩡~봉~! 아미타불! 원 루피, 기브 미!!!"

보드가야 온 동네를 수소문해서, 스님 이름을 알아온 것이다! 자신도 스스로가 기특한지 '쩡~봉~'을 몇 번이나 신나게 부르더니 깔깔거리고 웃어버린다.

쌍끼따를 비롯해서, 스님이 지나가는 길가의 마을 아이들은 때로는 동전, 때로는 초콜릿과 사탕을 비롯하여 노트와 연필, 지우개에 이르기까지, 뜻하지 않은 선물을 받고 늘 행복해 하곤 했다.

우리가 보드가야를 떠나던 날에는, 새벽 일찍 대탑에 가서 탑돌이를 한 후에, 제일 먼저 빵을 팔러 나온 인도 아저씨에게 빵을 사서, 길 가에 쪼그리고 누워있는 거지들에게 돌렸다. 내 손에서 빵이 하나하나 건네질 때마다, 내 마음은 말할 수 없을 정도로 더 넉넉해지던 그 느낌. 주면서도 '받아주어서 참 감사하다'는 마음이 커져갈 뿐이었다.

다른 스님들과 돈을 모아서, 빵과 따뜻한 차를 천 개씩 주문해서 대탑에서 기도하는 사람들에게 돌릴 때에도, 빵 하나와 차 한 잔을 고맙게 받아주는 분들이 그저 고마울 따름이었다.

이야기 둘

우리가 보드가야를 떠나 다람살라에 도착한 것은 새해를 앞둔 얼마 전이었다. 우리가 머물렀던 곳은 아래 다람살라에 있는 '돌마링' 티벳 비구니사원의 게스트하우스였는데, 스님의 보시행은 다람살라에 가서도 여전하였다. 틈틈이 도량을 돌아다니시면서, 사원 구석구석에서 절하거나 공부하는 스님들에게 공양을 올리시더니, 새해를 맞이해서 아주 특별한 공양을 생각해 내셨다.

이 사원에도 여느 티벳 사원처럼 사원 소속의 젖소가 있었는데, 그 젖소 중 한 마리가 새끼를 낳았다. 소임자 스님이 그 새끼 송아지를 우리 게스트하우스 앞의 풀밭에 묶어두곤 하였는데, 오색으로 장식된 커다란 방울을 목에 걸고 있던 그 녀석은 스님께서 과일껍데기나 콩깍지 등을 모아서 가져다주시면 껑충껑충 뛰어오곤 했다.

때가 때인지라, 사원의 스님들은 새해를 맞아 음식 준비와 공양물 준비로 바쁜 일정을 보내고 있었다. 스님께서는 우리들에게 새해를 맞아 뜻 깊은 공양을 올리고 싶다고 하시면서 뜻밖의 제안을 하셨다. 당신께서 하고 싶으셨던 공양은 바로 '소여물' 공양! 우리는 새해 하루 전날, 야채가게에 가서 무, 양배추, 컬리 플라워 등을 한 짐 사서 숙소로 돌아왔다. 새해 아침, 눈을 뜨고 참선을 한 뒤, 우리는 사온 채소들을 소가 먹기 좋은 크기로 부지런히 잘랐다. 그리고 가사를 수하고 향을 사르고, 소가 있는 축사로 가서 소들에게 공양을 올렸다. 스님께서는 보공양 진언을 마치신 뒤, 우리에게 법문을 해 주셨다.

"이 일곱 마리의 소들이, 이 사원에 있는 200여 명의 스님들에게 우유를 제공하니, 우리는 스님들에게 공양한 것과 다름없다. 『화엄경』 도리에 가면, 모든 존재가 선지식이요, 부처라고 했는데, 저기 법당의 말 없으신 부처님도 부처님이시지만, 여기 소들도 부처님인 줄 알아야 한다. 생각해 봐라. 소 같은 무심도인이 없다. 만일 수행자가, 이 소들처럼 주는 대로 소박하게 먹으면서, 진심嗔心 한번 내지 않고, 또 부지런히 수행한다면 얼마나 좋겠나."

이렇듯, 스님의 보시는 늘 소외받고, 궁하고, 힘든 존재들과 함께 했다.

보드가야에서 릭샤(인력거)를 타셔도 늘상 오르막이 되면 릭샤꾼이 힘들어 할까 봐 잠시 내려서 걸어가시는 스님, 대탑 앞의 오르막을 힘들게 올라가는 릭샤를 보면, 뒤에서 말없이 밀어주시던 스님, 당신 옷은 최소한만 남기고 깨끗하게 빨아서 필요한 사람에게 나눠 주시던 스님, 한적한 가게 앞을 지나가게 되면 과자 하나라도 꼭 팔아주셨던 스님, 게스트하우스 앞 공사장 인부들이 힘들 때가 되면, 늘 간식을 건네주시던 분이 우리 스님이시다.

● 소가 닭 보듯이, 우리도 세상사에
  잠시 무심할 필요가 있다.

이제는 나 또한,
스님의 못 말리는 그 무엇을,
진정 닮아가고 싶다.

【제3장】

선禪의 길, 자유의 길

삼귀의

불자가 되어,
생사를 요달하여,
깨달음을 얻어,
영원한 복락을 누리려면,
먼저 지극한 마음으로,
삼보에 귀의해야 한다.

삼보에 귀의하는 것은 참으로 중요하다. 삼보에 귀의하는 것이란, 부처님과 부처님의 가르침 그리고 가르침을 실천하는 스님들께 귀의하는 것을 말한다.

보통 우리들은 스스로가 삼보에 귀의를 했다고 생각하지만, 진정으로 귀의했는지를 진지하게 반성해 볼 필요가 있다.

첫째, 우리는 부처님께 귀의했는가?

부처님께 귀의한다는 것은 이 우주에서 유일하게 믿고, 의지하고, 본받아야 할 분이 오직 부처님뿐이라는 것을 의미한다. 사실 부처님에 대한 귀의가 진실하면 부처님의 가르침과 이를 실천하는 승단에 대한 귀의는 저절로 이루어진다.

부처님께서 이 세상에 오시지 않으셨더라면 우리는 나고 죽는 윤회의 고통에서 벗어날 생각조차 하지 못했을 것이며, 어떻게 수행해야 생사에서 벗어나는지 알지도 못했을 것이다. 따라서 부처님께 진정으로 귀의한 사람은, 오직 생사고해의 문제를 해결하고 모든 존재를 해탈의 길로 이끄는 자비의 삶을 살 수 밖에 없게 된다.

둘째, 우리는 부처님의 가르침에 귀의했는가?

부처님의 가르침에 귀의한다는 것은 인과법, 연기법, 공성空性의 지혜, 자비의 방편 등 부처님의 가르침이 잣대가 되어 참된 자유의 삶을 배워가는 것을 의미한다. 계율을 지키고, 자비로운 원력의 삶을 살려고 노력하는 것은 부처님의 가르침에 귀의했기 때문이다.

많은 사람들은 집안의 대사를 치르게 될 때면 좋은 날을 받으려고 점집에 물어보기도 하고, 집에 우환이 닥치면 굿을 하기도 하고, 마음이 괴로우면 술을 마시기도 한다. 그러나 부처님의 가르침에 귀의한 사람은 미래를 점치는 일이나 굿이나 부적 등으로 악재를 막아보려거나 술이나 담배에 의지하는 일은 하지 않는다. 왜냐하면 인과에 대한 믿음이 확실하기에, 안 좋은 일이 일어나면 스스로 참회를 하고, 언제나 계율을 지키고 자비를 실천하여 더욱 마음을 바르게 쓰려고 하기 때문이다.

셋째, 우리는 승가에 귀의했는가?

승단에 귀의한다는 것은 부처님의 가르침을 바르게 실천하는 스님들과 승가에 의지하여 자신의 수행과 삶의 바른 길을 안내받는다는 것을 의미한다.

몇 년 전 종립대학교 총학생회에서 학생수첩을 만드는데, 스님들이 여법하게 살지 못한다는 이유로 삼귀의에서 '귀의승'을 임의로 삭제한 경우가 있었다. 수행과정에 있는 스님들의 허물을 보고, 바른 정법을 지키고 수호하는 스님과 승단 전체를 거부하는 것은 지혜로운 행동이 아니라고 보아야 할 것이다.

예전에 존재했던 수많은 성현들의 말씀과 삶, 그리고 현재 존재하고 계시는 깨달은 스승들은 우리에게 목숨보다 소중한 존재이다. 왜냐하면 그분들의 가르침이 없다면 우리가 일상에서 부처님의 가르침을 실천하는 것이 매우 어렵기 때문이다. 결국 우리가 부처님과 부처님의 가르침에 귀의할 수 있는 것도, 내 가까이에 계시는 스승의 지혜와 자비로움 덕분인 것이다.

몸이 아주 아프거나, 위급한 상황에 직면하거나, 삶이 너무나 비참해지거나 아니면 너무 잘나가서 스스로가 잠시 교만해질 때에도, 불법승佛法僧 삼보에 대한 귀의심이 굳건하다면, 모든 어려운 상황을 지혜롭게 받아들일 것이다. 또한 모든 좋은 상황에서도 들뜨지 않고 그 복을 좋은 곳으로 회향할 수 있을 것이다.

중국이 티벳을 침공하였을 때, 중국 공산당들은 스님들이나 재가불자에게 불상이나 스승의 사진, 경전에 침을 뱉고 밟고 지나가라고 시켰다고 한다. 지나가는 사람은 면제를 해 주고 그렇지 않은 사람은 죽이거나 고문하거나 강제수용을 했다고 한다. 이때, 많은 티벳인들은 삼보에 대한 귀의심을 버리지 않은 탓에 말로 다 할 수 없는 어려움을 겪었다. 그럼에도 불구하고, 수십 년을 감옥에서 고문 받다가 나온 스님에게 가장 어려웠던 점이 무엇이었느냐고 물었을 때, 자신을 고문하는 중국인에 대해 자비심을 놓칠까 봐, 그것이 가장 두려웠다고 하니, 이 얼마나 고귀한 귀의심인가?

> 모든 일상생활에서 나의 마음이
> 진정 귀의심으로 가득 차 있는지,
> 내가 판단하고 행동하는 근거가
> 부처님의 가르침에 의지한 것인지,
> 오늘 하루도 부처님을 닮아가는 삶을 살고 있는지,
> 우리는 항상 되돌아 봐야 할 것이다.

참회하는 삶

「보현행원품」에는 다음과 같은 구절이 있다. "업장을 참회한다는 것은, 보살이 스스로 생각하기를, 내가 과거 무시 겁 중에 탐·진·치로 인해, 몸과 말과 뜻으로 지은 모든 악업은 셀 수도 없고 끝도 없으니, 만일 이런 악업이 모양이 있다면, 허공도 그것을 담아내지 못할 것이다."

참으로 이상한 것은, 불법을 제대로 알지 못하거나 신심이 없는 이들은 대부분 스스로가 참회할 것이 많이 없거나 혹은 거의 없다고 생각하는 경우가 많다는 것이다. 심지어 어떤 이들은 이제까지 살아왔던 삶이 떳떳하다고 말하기도 하고, 다른 존재에게 해를 끼치지 않고 잘 살아왔다고까지 말하기도 한다. 그래서 참회기도를 권하면 오히려, '내가 잘 살았는데, 참회까지 할 필요가 있나?'라는 생각에 참회의 필요성 자체를 못 느끼곤 한다.

반면에, 삼보에 진정으로 귀의하고, 부처님 공부를 정말 진실 되게 지어가는 사람들은, 인과에 대한 책을 읽어보라고 권하면, 참회기도 말을 꺼내기도 전에 스스로가 '어떻게 참회기도를 할까요?'라고 물어보거나 곧바로 기도에 들어가기도 한다.

그래서 스님께서는 "참괴심慙愧心이 없는 사람은 참으로 어렵다."라고 늘 말씀하셨다. 참괴심이란 스스로 진실 되게 부끄러워하는 마음인데, 스스로를 돌이켜 볼 줄 모르는 사람은 수행하는 것 자체가 불가능하다는 말이다.

부처님 재세 시에 99명을 죽인 앙굴리마라가 아라한과의 깨달음을 얻은 것과, 티벳의 위대한 스승 밀라레빠가 흑마술로 친척들과 마을 사람들을 죽이고도 최고의 깨달음을 성취한 것은 모두 마음에서 우러나온 진정한 참괴심이 있었기 때문이다.

따라서 모든 참회의 시작은 바로 이 '참괴심'에서 비롯된다. 내가 알게 모르게 지은 죄가 참으로 많다는 것을 처절하게 자각하게 되면, '앞으로는 더 이상 나쁜 짓을 하지 않겠다.'는 굳은 결심이 서게 되고, 지난날의 잘못을 진정으로 참회하게 되면 부처님의 가르침 따라 언제나 중생을 이익 되게 하는 보살도의 삶을 살게 된다.

참회하는 방법에는 주로 진언을 염송하거나 불보살님의 명호를 부르거나 공성空性에 대해 명상을 하거나 절을 하거나 공양을 올리는 등의 공덕을 쌓는 방법들이 있다. 그러나 그 무엇보다도 참회에 앞서 가장 먼저 해야 할 것은 진정으로 부처님과 부처님의 가르침, 승단에 귀의하는 것이다. 왜냐하면 아무리 큰 죄를 저지른 사람이라도 왕과 가까이 하면 세상 사람들이 어찌하지 못하듯이, 우리가 알게 모르게 지은 수많은 죄업들은 우리의 힘으로 금세 소멸시키지 못하고, 불보살님의 위대한 위신력에 의지해야 비로소 빨리 소멸시킬 수 있기 때문이다. 삼보는 한량없는 공덕과 자비, 위없는 지혜의 보고이기에 삼보에 의지해야 올바른 참회라 할 수 있다.

또한 삼보에 귀의했으면 오계나 십계 혹은 보살계와 비구, 비구니계 등을 청정하게 수지해야 한다. 계를 지키지 않으면서 참회를 하는 것은 밑 빠진 독에 물을 붓는 것과 같고, 앞에서는 웃고 뒤 돌아서서 칼을 가는 사람처럼 소용없는 참회이고 모순된 참회일 뿐이다. 우리가 참회하는 것은 다시는 잘못을 저지르지 않으려고 하는 것인데, 계를 지키지 않으면서 어찌 잘못 없는 삶을 살 수 있겠는가?

그리고 마지막으로 해야 할 것은 진정으로 보리심을 일으키는 것이다.

'저 한량없는 중생들을 제도하기 위해 내가 위없는 깨달음을 얻어야겠다.'는 굳은 결심으로 수행을 해야 한다. 왜냐하면 비록 계율이 청정하고 큰 잘못은 저지르지 않을지라도, 번뇌라는 장애를 소멸하지 못한 까닭에 늘 또 다시 죄를 짓게 되기 때문이다. 그래서 참회기도를 하면서, 늘 공성空性에 대해 사유하고 명상하면서, 일체 중생을 위해 반드시 위없는 깨달음을 얻어야겠다는 마음에서 물러서지 않아야 한다. 비록 수많은 죄업이 있더라도 더 이상 탐·진·치 번뇌 망상을 일으키지 않는 사람에게는 지난날의 죄업이 아무런 장애가 되지 않는다. 하지만, 비록 모든 죄업을 남김없이 다 소멸한 사람일지라도, 탐·진·치 번뇌 망상이 소멸되지 않으면 금세 또 다시 죄업을 짓게 되므로 수행을 해야 하는 것이다.

우리나라 불교전통에는 참회에 대한 진언과 기도법이 많이 있다. 대표적인 기도에는 지장기도, 자비도량참법기도, 108대참회기도 등이 있고, 참회에 관련된 진언에는 다음의 몇 가지가 있다.

참회진언 - 옴 살바 못자 모지 사다야 사바하 (3)

지장보살 멸정업진언 – 옴 바라 마니다니 사바하 (3)

정심업진언 – 옴 사바바바 수다 살바달마 사바바바 수도함 (3)

이밖에도 지장보살 즘부다라니, 신묘장구대다라니, 능엄신주 등이 잘 알려져 있다. 각각의 기도와 진언은 조금씩 차이가 있지만, 지난날의 잘못을 진정으로 참회하고, 계를 잘 지키면서, 일체 중생의 행복을 위해 보리심을 발한 사람에게는 반드시 불보살님의 가피가 있게 된다.

이 책에서는 우리나라에도 그 기도법이 조금씩 알려지고 있는 금강살타 백자명 진언을 소개한다.

금강살타 백자명 진언

옴 바즈라 싸뜨와 싸마야 마누 빨라야

바즈라 싸뜨와 떼노 빠떳타 디도(드리도) 메 바와

쑤또쇼 메 바와 쑤쁘쇼 메 바와 아누락쇼(또) 메 바와

싸르와 씻디 메 쁘라얏차 싸르와 깔마 쑤짜메

땀 쓰레얌(쓰레야) 꾸루 훔

하 하 하 하 호

바가완 싸르와 다타가따

바즈라 마 메무짜 바즈라 바와

마하 싸마야 싸뜨와 아-(훔팻)

금강살타는 참회의 본존으로, 100자로 이루어진 금강살타 백자명 진언은 모든 부처님 마음의 정수이기에, 특히 깨달음의 길을 가는 수행자가 서원이 퇴실되거나 분별의 장애나 나쁜 습기로 인해 수행에 들어가지 못할 때, 이를 남김없이 정화할 수 있는 위대한 진언이다.

이 진언을 보통 21번 염송하면, 그 날 지은 죄업은 다 소멸된다고 한다. 부디 크나큰 신심으로, 좋은 가르침 널리 실천하고 행하여, 많은 중생들에게 회향되길 빈다.

● 참회본존인 금강살타 부모불의 모습

극락왕생 원한다면
지옥왕생 발원하라

● 삼독심 중에 성냄이 많은 과보로 태어나는 지옥세계

어떤 대만 신자가 까르마빠께 다음과 같은 질문을 했다. "저는 반드시 아미타 부처님 극락세계에 가야 합니다. 염불하고 부처님을 관상하는 것 외에 제가 꼭 해야 할 일이 무엇이 있습니까? 어떻게 수행해야 합니까? 저는 제가 극락정토에 가지 못할까 걱정이 됩니다."

그러자 까르마빠께서는 극락정토에 왕생하려면 네 가지의 조건이 필요하다고 말씀하셨다. 그 네 가지 조건은 다음과 같다.

첫째, 부처님을 생각하고 부처님께 기도하는 것.
둘째, 공덕을 쌓는 것.
셋째, 간절히 발원하는 것.
넷째, 보리심을 발하는 것이라고 말씀해 주셨다.

아미타 부처님께서 전생에 법장 비구이셨을 때, 48가지 거룩한 서원을 세우셨는데, 그 중에도 다음과 같은 말이 있다.

"제가 부처가 될 적에, 시방세계 중생들이 보리심을 일으켜 온갖 공덕을 쌓고, 지극한 마음으로 제 국토에 태어나고자 원을 세웠는데, 그들의 임종 시에 제가 대중들과 함께 이들을 마중할 수 없다면, 저는 차라리 부처가 되지 않겠나이다."

많은 사람들이 극락정토에 왕생하기를 발원하며 아미타불을 염하지만, 정작 극락정토에 왕생할 수 있는 자격을 스스로 갖추어 간다는 것은 쉬운 일이 아니다. 까르마빠께서도 말씀하셨듯이, 공덕을 쌓지 않고 보리심을 발하지 않는다면 극락정토에 왕생하는 것은 참으로 어려운 일이 된다. 왜냐하면 아미타 부처님의 원력으로 만들어진 청정한 극락세계는 우리의 눈으로 볼 수 있는 물질적인 세계가 아니라 보살들의 눈에만 보이는 보신報身의 세계, 물러섬이 없는 깨달음과 원력의 세계이기 때문이다.

한 번 잘 생각해 보라. 아직 먹고 싶은 것도 많고, 놀고 싶은 것도 많고, 애착 가는 일이 수도 없이 많은데, 깨달음만을 향해 나아가는 세계에 왕생한다면 과연 내가 감당할 수 있겠는지 말이다. 살아생전 이 사바세계에서 하기 싫었던 수행이, 연꽃 속에 앉아 있다고 해서 수행할 마음이 나겠는지….

스님께서도 늘 이런 말씀을 하셨다.

"극락세계 가고 싶다고요? 지금 당장 아미타 부처님께서 오셔서, '자, 내가 왔다. 이제 극락정토로 갈 것이니, 모든 것을 내려놓고 나를 따라오너라.'라고 하신다면, 이 중에 모든 것을 내려놓고 따라갈 사람 있습니까? 내가 보기엔 아무도 없어 보여요. 지금 자신이 하고자 하는 일들, 애착 가는 일들이 남아있기 때문에 아무도 당장에 아미타 부처님을 따라가지 못합니다. '부처님, 이 일만 끝내놓고 가면 안 될까요?'라고 말하지…."

오히려, 극락정토 발원을 따로 하지 않더라도 계율을 잘 지키고, 공덕을 쌓고, 보리심을 발해 간절하게 수행하는 수행자는 저절로 극락정토에 왕생할 수 있다. 마치 섬진강 물이 흘러가면 모래는 모래대로 모이고, 돌은 돌대로 모이듯이.

티벳의 어떤 스승께서는 늘 다음 생에 지옥에 태어나기를 간절하게 염원하셨다고 한다. 제자들에게도 "지옥 중생을 제도하고 싶으니, 정말로 지옥에 태어났으면 좋겠구나."라고 말씀하셨다고 한다. 어느덧 스승의 임종이 가까워 제자들이 모두 곁에 모였는데, 그 스승은 아주 슬퍼하면서 다음과 같이 말씀하셨다고 한다. "아, 슬프구나. 내가 그토록 지옥 왕생을 발원했는데, 내 눈에는 모두 극락세계의 징조들만 보이는구나."

스님께서도 늘 우리에게 말씀하셨다.

"만일, 우리가 진정한 출가 수행자라면, 보리심을 발하여 세세생생 보살도의 원력을 세운 대승의 수행자라면, 절대로 내 한 몸을 위해서 극락왕생을 발원하는 일은 하지 말아야 한다.

오히려, 법장비구의 48대원을 대할 때마다, 나는 어째서 저와 같이 원대한 서원을 세우지 못했는가 하고, 항상 스스로를 돌아보면서, 다시금 크나큰 원력을 세워 수행에 전념해야 올바른 수행자라고 할 수 있을 것이다.

이 사바세계의 모든 중생들을 저 위대한 깨달음의 세계로 인도하고 난 뒤에야 자신 또한 그 세계로 들어갈 수 있지, 어찌 저 무량한 중생들이 고해에서 헤매는데, 달랑 아미타불 열 번 부르고, 나 혼자 극락세계에 가고자 하는 마음을 내어야 되겠나?"

보조지눌 스님께서도 〈권수정혜결사문〉에서, 자신의 마음을 밝히지 않고, 염불하여 극락왕생만을 바라는 수행자를 경계하시며 다음과 같은 말씀을 하셨다.

"『법보단경』에 이르기를, 마음만 부정하지 않으면 서방 정토가 여기서 멀지 않겠지만, 부정한 마음을 일으킨다면 어떤 부처님이 와서 맞이하겠는가? 위에서 부처님과 조사들이 말씀하신 바와 같이, 정토에 왕생하기를 바라는 뜻은 다 자기 마음을 떠나 말하지 않았다. 그러니 자기 마음의 근원을 떠나 어디를 향해 들어가겠는가?

그런데 요즘 교학을 배우는 많은 사문들은, 신명을 바쳐 도를 구하면서 모두 외부의 상에 집착하여 서쪽을 보고 소리 높이 부처님을 부르는 것으로 수행을 삼는다. 지금까지 배우고 익혀 마음을 밝힌 부처님과 조사들의 가르침을 '명리의 배움'이라 하고, 또는 자기의 분수에 맞지 않는 경지라

하여 끝내 마음에 두지 않고 일시에 버리고 만다.

　마음 닦는 방법을 버렸기 때문에 돌이켜 보는 공을 알지 못한다. 단지 영리한 생각으로 평생의 노력을 헛되이 쓰며 마음을 등지고 상을 취하면서 성인의 가르침에 의지한다 하니, 지혜 있는 사람들이 어찌 슬퍼하지 않겠는가?"

　'나무 아미타불!' 이는 단순하게 '아미타 부처님께 귀의하오니 제가 극락세계 태어나게 해 주세요.'가 아니다. 보리심을 발한 이에게 '나무 아미타불'은 다음과 같은 의미이다.

　"위대한 원력을 세우신 아미타 부처님께 귀의하오니, 무량한 세월 동안 무량한 중생들을 무량한 깨달음으로 이끌겠습니다."

　나무 아미타불,
　나무 아미타불,
　나무 아미타불.

어떤 분을 선지식으로 의지해야 할까요?
- 계율

'어떤 분을 선지식으로 의지해야 하는가?'는 모든 수행자가 생사해탈을 위한 이 공부를 지어감에 참으로 중요한 부분이다. 보통 사람들은 신통 능력이나 겉으로 보이는 모습에 많이 집착하기 때문에, 생사 해탈과 대자유로 이끌 수 있는 선지식을 찾기란 참으로 어려운 일이다. 율장에는 대승적인 스승의 조건을 다음과 같이 설명한다.

> 계율에 의지하여 자기 마음을 충분히 조복시킨 자,
> 선정으로 산란한 마음들을 다스리고 승화시킨 자,
> 지혜로써 아상我相을 없앤 자.

이 조건은 다시 말하면, 부처님의 핵심 가르침인 계·정·혜 삼학을 실천하는 사람을 스승으로 삼아야 됨을 말하는 것이다. 특히 말법시대에 어떤 분이 깨달은 분인지 쉽게 판단하기 어렵고, 올바른 스승을 가려낼 수 있는 안목이 부족할 때는, 계율은 그 됨됨이를 판단하는 아주 중요한 기준이 된

● 지리산 홍서원 토굴 입구의 '中咎偈殺者'가 재미있다.

다. 왜냐하면, 계율이란 깨달은 사람의 마음, 즉 존재계에서 가장 자비롭고 지혜로운 마음을 표현한 것이기 때문이다.

우리나라는 막행막식을 보여주는 선지식들에 대하여 '무애행'이라는 이름으로 아주 높게 평가하는 경우가 많다. 그래서 계율을 잘 지키는 스승을 오히려 갑갑하게 여기고, 마음대로 행하는 스승을 '뭔가 가지고 있는 분'으로 받들기도 한다. 물론 깨달은 분들의 방편은 미묘하여 헤아리기 어렵고, 깨달은 분들은 고기나 술을 먹어도 그것이 지혜와 자비로 발현되는 방편의 능력을 가지고 계신다.

그러나 우리는 한 걸음 더 나아가 고민해야 한다. 막행막식이라는 방편은 계율에 집착한 수행자에게 그 집착하는 마음을 깨뜨려 주기 위해 보여 줄 수는 있을지언정, 계율을 휴지조각처럼 여기는 수행자나 갓 출가한 수행자에게 보여 줄 모습은 아니라는 것이다. 근대의 위대한 선지식으로 불리는 경허 스님께서 당신은 무애행을 하시면서도, '중노릇하는 법'에서 "파, 마늘과 고기를 먹지 말라."고 하신 이유도 이런 맥락에서 이해해야 한다. 그리고 경허 스님이 그런 무애행을 하시면서, 결국은 세속에서 스님의 모습이 아닌, 속인의 모습으로 생을 마감하셨듯이, 무애행이라는 것은 삼보로 공경되는 승가 안에서는 허용되어서는 안 된다고 생각한다.

무애행을 하려면 승복을 벗고, 머리를 기르고, 저자거리로 나아가서, 진정으로 중생과 생사고락을 함께 하면서 그들을 제도하는 데 그 뜻이 있어야 한다. 승복을 입고 거리낌 없이 행동하는 사람은 무애행을 하는 것이 아니라, 자신이 목숨같이 지켜야 할 계율을 파하는 파계승일 뿐임을 명심해야 한다.

서산 대사께서 남기신 말씀이 있다. 우리는 이 말씀에서 선지식의 크고 넓은 마음을 조금이나마 헤아려 볼 수 있다.

눈 덮인 들판을 걸어갈 때,
이리저리 함부로 걷지 마라.
오늘 내가 남긴 발자국이
뒷사람의 이정표가 될 것이기에.

깨달은 분에게 계율이란, 구속이 아닌 진정한 자유일 것이다. 그리고 그분들이 계율로써 장엄된 모습을 우리에게 보여주시는 것은, 수많은 사람들에게 올바른 부처님의 가르침을 전해주기 위한 거룩한 자비의 모습이기도 하다. 그래서 지계바라밀은 우리가 어떤 분을 선지식으로 모셔야 하는가에 대하여 고민할 때, 제일 중요한 기준이 되는 것이다.

어떤 분을 선지식으로 의지해야 할까요?
– 반야의 지혜

● 육도 윤회, 탐·진·치가 생사의 원인이다. 수탉은 탐욕, 뱀은 성냄, 돼지는 어리석음을 상징한다.

앞글에서 선지식의 기준이 되는 제일 조건이 계율이라고 설명하였다. 반드시 계율의 바탕 위에 반야의 지혜를 체득하기에, 내가 의지하고자 하는 분이 계율을 갖추고 있다면 그 다음으로 살펴보아야 할 것은, 바로 불교의 핵심인 '반야의 지혜' 즉 '공성(空性)에 대한 올바른 이해'를 갖추고 있는가이다. 공성에 대한 지혜를 체득한 분이나 비록 체득하지는 못했더라도 올바르게 이해하고 있는 분만이, 우리를 불법의 핵심으로 바로 이끌 수 있다. 그러기에 내가 의지하고자 하는 선지식이 항상 반야의 공성으로써, 진제와 속제 양변을 여의지 않고 적절히 법을 설하고 계시는지 잘 살펴보아야 한다.

말세에는 우리를 미혹하게 하는 외도의 가르침이 참으로 많다. 특히, 계율을 지키면서도 우리에게 올바른 가르침을 전해주지 못하는 스승들도 있으니 올바른 법을 만나기는 참으로 어렵다는 생각도 든다. 그러면 외도의 스승들이 가르치는 몇 가지 유형을 파악해 보자.

첫째, 늘 눈에 보이지 않는 신통한 세계를 중요하게 이야기하는 스승들을 경계해야 한다.

예를 들어, 불보살님들의 수기를 받았다거나, 남의 마음을 읽는다거나, 선정 속에서 다른 세계에 다녀왔다거나, 어떤 계시를 받았다는 등의 이야기를 많이 들어보았을 것이다. 내가 의지하는 선지식이 이렇게 신통방통한 이야기만을 한다면 한번 곰곰이 생각해 보자. 불법의 핵심이 반야의 지혜이고, 과거 일곱 부처님의 공통된 가르침이 "모든 악을 짓지 말고, 모든 선을 받들어 행하며, 스스로의 뜻을 맑히는 것"이라고 했는데, 나는 왜 이러한 신통한 이야기들에 마음이 쏠리는가? 어떠한 수승한 신통이라도 번뇌가 다하는 누진통과 그로 인한 자비의 마음보다 못하다고 했는데, 나는 왜 이러한 신통들에 관심이 가는가? 하고 말이다.

불법을 수행하는 목적은 이러한 신통을 얻기 위함이 아니라, 자신의 마음을 다스리고, 우리의 본성을 깨쳐 수많은 중생을 불도에 들게 하는 데 있다. 내가 신통을 갖춘 스승에게 의지하는 이유는 남보다 뛰어나고 싶은 마음, 남들 위에 서고자 하는 마음 때문은 아닌지 잘 살펴야 한다. 그 이면에는 항상 해결되지 않은 음욕심이 도사리고 있음을 알아차릴 때까지 자신을 살피고 또 살펴야 한다. 이 신통에 대한 동경은 누구나 한번쯤 가져 볼 수 있는 것이겠지만, 그것보다 누구나 갖고 있는 불성, 누구에게나 평등하게 갖추어진 우리의 불성에 더 열렬한 마음을 내어보자. 생사해탈이라는 큰 뜻을 품고 출가한 우리 수행자가 '부처와 같다'는 그 불성은 찾지 않고, 신통에 마음이 뺏겨 허송세월해서는 안 될 것이다.

둘째, 몸에 의지하여 수행하는 스승들을 경계해야 한다.
예를 들어, 차크라를 연다든지, 기맥을 뚫는다든지, 기를 돌린다든지, 백회가 열린다든지, 보이지 않는 법당을 만든다는 등의 이야기 또한 많이 들어보았을 것이다. 이러한 수행이 문제가 되는 것은, 우리 마음의 삼독심을 다스리지 못한 채, 몸에 의지한 수행만 하기 때문이다. 계를 지키지 않고 보리심을 발하지 못한 수행자가 기맥 수행 등을 한다는 것은 모래를 쪄서 밥을 하는 것과 같아서 해탈에 이르지 못한다.

누가 뭐라 해도 출가자의 수행 목적은 자신의 마음을 정화하고 살펴, 지혜와 자비를 발현시키는 것이다. 그 이상 없다 해도 과언이 아니다. 매일 독송하는 반야심경에도 있듯이, "우리의 몸과 마음이 공한 것을 알아 모든 고통을 면한다."는 가르침을 매일 듣고 외우는데도, 이 몸과 마음이 모두 공하다는 것을 깨닫지 못한 스승에게 의지하여 삿된 수행을 한다면, 죽을 때 가져 가지도 못하는 몸뚱이의 기맥이 열린들, 스스로의 마음에서 계속 일어나는 탐욕과 성냄과 어리석음은 어찌할 도리가 없는 것이다.

셋째, 위의 두 경우와는 조금 다르지만, '없다'에 빠져있는 스승들을 경계해야 한다.

예를 들어 업이 없다든지, 선악이 없다든지, 과보가 없다든지 해서, 막행막식하는 경우를 본 적이 있을 것이다. 이러한 사람들은 반야의 공성空性을 제대로 깨친 것이 아니다. 반야의 공성을 제대로 깨친 사람은 자비의 행과 보살의 원력으로 중생구제의 삶을 살게 되어 있다. 업이나 선악이나 과보가 연기법으로 존재하는 이 세상에서, 나와 남을 이익 되게 하고 영원한 행복으로 나아가기 위해서는 반드시 선한 길과 올바른 길이 존재한다. 한쪽 면에만 치우쳐 불법을 이해하는 사람은 부처님께서 평생 동안 맨발로 돌아다니시면서 각기 근기에 맞는 설법을 하신 이유를 아직도 모르는 사람이라 하겠다. 불법의 대의가 상구보리 하화중생인데, 공한 데에 빠져서 스스로 갈 길을 모르는 사람은 만인의 스승이 될 수 없다.

마지막으로, 삿되지는 않더라도 우리가 반드시 경계해야 하는 스승들이 있으니, 바로 난행고행을 하는 스승들이다.

몇 십 년 장좌불와를 하거나, 몇 만 배 절을 하거나, 손가락을 태우거나 하는 이야기는 이미 잘 알고 있을 것이다. 부처님께서도 6년 고행을 포기하시고, 중도에 입각한 수행을 하셨는데, 많은 사람들이 난행고행을 하는 스승들을 높게 평가하는 이유는 무엇일까? 이것 역시 바로 남들보다 뛰어나고자 하는 '에고' 때문이다. 물론 공부에 대한 간절한 마음은 높이 살 수 있지만, 우리는 난행고행을 하는 스승들이 아상我相이 높은가에 대해 철저히 점검해야 한다.

절을 잘하거나, 주력이나 염불을 많이 한다거나, 좌선을 오랫동안 한다거나 하는 불자들이 다른 사람들보다 오히려 어딘가 모르게 훨씬 뻣뻣하고 굳어진 마음을 갖고 있는 경우를 많이 본다. 자비로운 스승들은 자신은 비록 어렵게 터득했더라도, 누구나 이해하고 실천할 수 있는 보편적인 길을 보여주신다. 몸을 학대하는 난행고행보다 더욱 간절하고 절실한 난행고행은 바로 반야의 지혜로 우리의 마음을 조복하는 것이 아니겠는가.

따라서 우리가 의지하고자 하는 선지식은 계율로 장엄되어 있으면서도, 항상 반야의 지혜를 갖춘 자비의 스승이어야 한다. 그런 선지식의 지도를 받아야 우리는 바른 지견과 올바른 수행으로 깨달음에 이를 수 있게 된다.

● 자비로운 정봉 스님의 손에선 다람쥐도 편히 쉰다.

어떤 분을 선지식으로 의지해야 할까요?
- 자비 방편

대승 보살의 자비심에는 두 가지가 있으니, 하나는 공성空性을 체득하기 전에 발하는 자비심이고, 또 다른 하나는 공성을 체득한 후의 자비심이다. 공성을 체득하기 전의 자비심이란 우리가 마음으로 짓는 것이지만, 공성을 체득한 이후의 자비심은 저절로 발현되는 것이다. 왜냐하면, 공성을 체득하면 실재하지 않는 것을 실재한다고 착각하여 고통을 받고 있는 모든 존재에 대한 연민심이 저절로 발현되기 때문이다.

우리가 의지하고자 하는 선지식은 앞에서 이야기한 계율, 공성에 대한 지혜와 더불어 자비심을 구족한 분이어야 한다. 자비심은 그저 남들에게 온화하고 부드럽게 대하는 마음만을 말하는 것이 아니다. 이는 보리심이라는 말로 대신할 수도 있는데, 일체 중생을 깨달음으로 이끌 수 있는 정확한 지견을 가지고, 때로는 엄하게, 때로는 부드럽게 갖가지 방편을 써서 중생들을 깨달음에 이르도록 하는 것을 말한다.

그래서 진정으로 자비로운 스승 곁에 있으면 일체 중생에 대한 원력은 더욱 커지고, 공성에 대한 이해 또한 더욱 깊어진다. 그뿐만 아니라 대승

보살의 삶에 대한 뚜렷한 지견이 생기고, 갖가지 방편에 대한 이해가 생긴다. 더 나아가 오직 보리심으로, 일체 중생을 이익 되게 하는 마음을 발하는 데에 자신의 모든 것을 바치게 되는 것이다.

선불교 수행 전통에서는 주로 공성을 깨우치는 데 많은 주안점을 둔다. 그러나 진정으로 공성을 체험하면 자비심은 저절로 발현되어 원력의 삶을 살 수밖에 없다는 것을 꼭 기억해야 한다. 그래서 어떤 사람이 반야의 공성을 제대로 체득했는지 안 했는지는 그 사람에게 '참을 수 없는 자비심'이 일어나는지 일어나지 않는지를 가지고 판단할 수 있다. 아직 공성을 깨우치지 못했다면 반드시 자비심과 원력을 놓치지 말아야 한다. 자비심과 원력에 대한 올바른 이해 없이 공부하는 수행자는 증득을 향한 용심만 차올라서 각박하고 조급해지기 때문이다.

보통 자비와 지혜를 새의 양 날개로 비유하는 것은 자비와 지혜가 결코 둘이 아니기 때문이다. 마치 동전의 양면과 같이, 공성에 대한 진정한 지혜가 '자비'라는 모습으로 발현되는 것이다. 따라서 진정으로 공성을 깨우치기를 원하는 수행자는 자신의 삶이 자신뿐만 아니라 모든 존재를 이익 되게 하는 삶, 자비와 원력의 삶이 되도록 해야 한다.

따라서 계율, 공성에 대한 올바른 이해 그리고 자비심은 우리가 의지해야 하는 선지식의 덕목일 뿐만 아니라, 우리 수행자 모두가 실천해야 하는 덕목이기도 하다. 바깥의 선지식은 내면의 선지식을 만나기 위한 전 단계다. 만일 내 주변에 아직 믿고 의지할 만한 스승이 없다고 생각되면, 스스로 계율을 지키고, 부처님과 여러 조사스님들의 가르침 속에서 공성空性에 대한 이해를 갖추어 나아가고, 늘 자비스러운 마음으로 원력의 삶을 살아가야 한다. 그러면 어느 날, 이 모든 것을 갖추고 있는 내면의 스승을 친견할 수 있게 될 것이다.

옹달샘

　　　　　　　　　　물을 볼 때면, 꼭 우리의 마음과 비슷하다는 생각이 듭니다. 적당하고 알맞은 물은 만물을 싱그럽게 만들지만, 지나친 물은 가꾸어 놓은 모든 것을 파괴하듯이.
　우리의 마음도 물과 같아서, 잘 길들여진 마음은 모든 중생을 이롭게 하고, 흐름을 걷잡을 수 없는 마음은 다른 존재에게 상처와 아픔을 남겨줍니다. 내 마음이 늘 끊임없이 샘솟는 옹달샘 같았으면 좋겠습니다.
　거칠게 흘러가는 강물도 아니고, 메마른 땅에 인색한 비도 아니고, 늘 한결같은 그런 옹달샘이었으면 합니다.
　모든 중생을 향하는 자비와 지혜의 마음이 언제나 한결같이 샘솟는, 그런 옹달샘이었으면 합니다.

참선하기 전에 우리가 갖추어야 할 것

우리나라 불자들은 깨달음에 대한 열망이 참 크다. 지난 해 겨울 인도 보드가야에 갔을 때, 세계에서 온 수많은 불자들을 만날 수 있었는데, 유독 우리나라 불자들과 스님들의 모습에서 뭔가 남다른 열정과 생기가 엿보였다.

깨달음에 대한 열망이 가득한 우리나라 불자들…. 이와 같은 장점을 지녔음에도 불구하고 조금 안타까운 점이 있다면, 간절한 마음에 비해 정작 '어떻게 하면 깨달음으로 나갈 수 있는가'에 대한 정확한 인식이 부족한 탓에, 노력한 것에 비해 살림살이가 넉넉하지 못하다는 점이다.

달리 말하면, 참선이 최고라는 인식에 사로잡혀 있어서, 이번 생에 일을 해 마치려면, 절구통같이 무조건 앉고 또 앉아, 좌복을 뚫을 정도가 되어야 깨달음을 얻는다고 생각을 하는 경우가 많다는 것이다. 그러나 한번 생각해 보라. 많은 불자들이 간절하게 수행하고 있음에도 불구하고, 한 소식을 얻었거나, 지견이 열렸다고 하는 분들을 쉽게 만난 적이 있는가? 아니면, 참선을 하는 사람들 중에 스스로가 진전을 이루고 있다고 확신하거나, 지금 하고 있는 공부 길에 대해 흔들림 없는 지견을 가지고 있는 사람들이 얼마나 있는가?

옛 조사스님들께서 하근기는 100일, 중근기는 삼칠일, 상근기는 칠일이면

이 공부를 마친다고 하셨는데, 과연 그 깨달음은 어떻게 오는 것일까? 이 의문에 대한 해답은 사실 가장 보편적이고 상식적인 가르침에 다 나타나 있다.

전통적인 부처님의 가르침에서는 계·정·혜의 삼학을 이야기 하고, 또 대승불교에서는 깨달음에 나아가기 위해서는 '지혜'와 '복덕', 두 가지 자량이 필요하다고 한다. 티벳에서는 한 생에 깨달음을 얻는 금강승 수행에 입문하려면, 먼저 사가행이라는 기초수행을 마쳐야 한다고 한다. 즉 이런 가르침들의 공통점은 결국 삼귀의, 지계, 반야의 이해, 스승에 대한 절대적인 믿음, 참회, 공덕 쌓기, 출리심, 보리심 등 이 모든 것이 바탕이 되어야만 참선 공부, 즉 지관 수행을 통해 깨달음을 얻을 수 있다는 것이다.

금덩이인 줄 알고, 몇 십 리를 무거운 자루를 지고 온 사람이, 그것이 돌 자루였다는 것을 알았을 때, 가장 현명한 사람은 자신의 어리석음을 그 자리에서 인정하고 미련도 없이 그 돌 자루를 내려놓는 사람이다. 수행도 그와 같아서 진전이 없다고 생각될 때, 솔직하게 자기 자신과 대면해야 한다. 지금껏 쌓아온 것들을 따질 때가 아닌 것이다. 늦었다 생각될 때가 가장 빠르다. 모든 것을 다 내려놓고 차근차근 다음 사항들을 살펴보면서, 진솔하게 스스로를 점검해 보도록 하자.

나는 출리심을 발했는가?

출리심을 발한 사람은 인과법, 무상에 대한 철저한 인식을 가졌기에, 계를 지키지 말라고 해도 목숨처럼 소중하게 지키게 된다. 수행하는 분들이, 아직도 고기나 오신채, 술, 담배에 대한 탐착을 버리지 못하거나, 온갖 세속잡사(TV 보기, 풀 옷 다려 입기, 불사와 가족에 대한 애착 등)에 얽매여 있다면 진정으로 출리심을 발한 것이 아니다. 출리심이 없이 도를 닦는다는 것은 밑 빠진 독에 물붓기와 같아서, 수십 년 동안 좌복에 앉아 있어도, 마음 안에서는 세속의 삼독심만 견고해질 뿐, 공부에는 진전이 없게 되는 것이다.

나는 진정 불법승 삼보에 귀의했는가?

참선만이 최고라는 독단에 빠진다거나, 스님들을 업신여긴다거나, 예불의식을 하찮게 여긴다거나, 경전 공부를 우습게 여기는 행동들은 진정으로 삼보에 귀의한 모습이 아니다. 스님께서도 늘 삼귀의가 제대로 되면 그 순간에 깨달음을 얻는다고 말씀하실 정도로 삼귀의를 강조하신다. 부처님을 만났으되 어려운 일이 닥치면 원망하게 되고, 불법을 만났으되 수행하지는 아니하며, 스님들을 만났으되 공부에 대해 의지하지 아니하면 참된 불자라 하기 어렵다.

나는 참회와 공덕 쌓기에 게을리 하지 않았는가?

자신의 그릇이 오염되어 있는데, 그것을 깨끗하게 할 생각은 하지 않는다거나, 자신의 그릇이 큰 선물을 담기에는 너무 작은데, 그 그릇을 고수하려고 한다면 어리석다고 하지 않겠는가? 무조건 참선수행을 할 것이 아니라 앉기 위한 자격을 갖추어야 한다. 스님께서 참괴심이 없는 사람은 절대 도가 되지 않는다고 우리에게 누누이 말씀하신 것도 이러한 이유라고 생각된다.

나는 스승에 대한 흔들림 없는 믿음을 지니고 있는가?

이 공부는, 반드시 믿고 의지하는 선지식이 있어야만 한다. 세상일도 먼저 그 길을 간 사람에게 물어보게 되는데, 하물며 이 깨달음의 길을 가려는 사람이, 이 길을 먼저 가본 사람에게 의지하는 것은 당연한 것이다. 하지만 이 또한 참으로 어려운 일이다. 스님 곁에서 몇 년째 공부해 오면서, 실제로 자신의 것을 모두 내려놓고 오는 사람은 참으로 만나기 힘들었다. 조금 공부가 된다 싶으면 스승 위에 서려고 하고, 자신의 뜻대로 안 풀리면 괜한 의심을 짓게 되고, 잘못을 지적해 주면 서운해서 앙심을 품게 되니…. 진정한 귀의는 참으로 어려운 것이라는 생각이 든다.

나는 보리심을 발했는가?

과연 하루의 모든 일과가 깨달음을 향한 생활인가? 아니면 깨달음이라는 명목 아래 세속적인 욕망과 애착으로 향해가고 있는가? 중생을 향한 끊임없는 연민심으로, 그들을 위해 일체지의 깨달음을 얻겠다는 발심이 되어 있는가? 아니면 큰스님이 되고 싶거나 도인이 되고 싶어서, 인가를 받기 위해 깨달아야겠다고 작심했는가? 내 마음의 동기를 정말로 철저하고, 간절하게 점검해 보아야 한다.

모든 수행의 동기는,
반드시 생사고해를 벗어나는 데 그 뜻이 있어야 하며,
그 결과로 모든 중생을 제도하는 데 그 뜻이 있어야 한다.

지리산 홍서원 일일 기도문

나의 하루가 오직 귀의와 참회, 감사와 원력, 회향의 마음에서 벗어나지 않는다면, 바르게 수행하고 있다고 할 것이다. 자신의 방에 불보살로 장엄된 탱화나 작은 불상을 모시고, 아침마다 다기 물과 향을 올리고 지극하게 절을 하면서, 다음과 같은 기도를 해 보자. 분명 하루하루의 수행이 익어갈수록, 어느새 나의 몸과 마음은 부처님을 닮아갈 것이다.

> 지극한 마음으로 불·법·승 삼보에 귀의하오며,
> 무지 무명으로 지었던 과거의 모든 잘못들을
> 진정으로 참회하오며,
> 앞으로는 부처님의 가르침에 의지하여,
> 반야의 지혜와 자비의 방편으로 보리심을 일구며,
> 세세생생 보살도의 삶을 살겠습니다.

참회진언 : 옴 살바 못자모지 사다야 사바하 (3번)

발보리심 진언 : 옴 보디지땀 우뜨 빠다야미 (3번)

원이차공덕 보급어일체

이 공덕이 일체에 두루하여,

아등여중생 당생극락국

나와 모든 중생들이 극락세계에 왕생하고,

동견무량수 개공성불도.

무량수 무량광 아미타 부처님을 뵈어 다함께 성불하여 지이다.

연꽃 위의 결가부좌

만일 당신이 진정한 자유, 영원한 행복을 얻고 싶다면 명상을 해야 한다. 우리는 너무나 오랜 세월 동안 우리의 몸이 나라고 동일시해 왔기 때문에, 반대로 몸을 이용해서 마음의 해탈과 자유로 나아갈 수 있다. 보통 누우면 졸리고, 삐딱하게 서서 다리를 떨면 왠지 마음까지도 거들먹거리게 되는 것은 우리가 몸을 나라고 생각하기 때문이다. 따라서 올바른 자세로 명상을 하면 우리의 마음도 우리 마음의 근원으로 쉽게 다가갈 수 있다.

우선, 명상을 하기에 가장 좋은 시간은 아침에 막 깨어났을 때와 저녁에 바로 잠들기 전이다. 특히 해뜨기 전 새벽에는 사념이 적고, 우주의 기운도 평안하기 때문에 명상을 쉽게 할 수 있다. 자기 전에 명상을 해야 하는 이유 중의 하나는, 하루 종일 우리가 이래저래 지었던 모든 업을 정화하기 위함이며, 잠이라는 무의식 세계에서도 명상이 이어질 수 있도록 하기 위함이다.

보통 우리나라에서는 반가부좌를 많이들 한다. 그러나 지금까지 깨달음을 얻었던 수많은 도인들은 결가부좌를 하셨다. 결가부좌의 깊은 의미를 여기서 다 밝힐 수는 없지만, 크나큰 원력으로 깨달음을 성취하고자 하는 수행자는 결가부좌할 것을 권장한다. 처음에는 익숙하지 않은 자세라서 많이 힘들지라도, 점점 익숙해지면 이 세상에서 가장 편안한 자세가 될 것이다. 이 결가부좌 자세는 우리의 발바닥이 유일하게 하늘을 볼 수 있는 자세이기도 하다.

눈은, 뜨지도 감지도 않은 반개半開를 하는데, 마음이 각성되면 저절로 반개가 된다. 처음 명상을 하는 사람의 시선은, 특정한 곳을 정하기보다 편안한 호흡과 함께 자연스레 내려놓는 것이 좋다. 두 손은 겹쳐서 다리 위에 단정히 내려놓는다. 엄지손가락을 마주하여 타원을 그리되, 이때 두 엄지손가락은 서로 닿을 듯 말듯 마주보아야 하는데, 명상 중에 다른 생각이 많아지거나 졸게 되면 이 두 손가락이 어긋나게 된다. 이렇게 명상에 알맞은 자세를 제대로 갖추게 되면, 우리는 우리의 마음을 좀 더 정밀하게 살필 수 있게 된다.

바른 자세를 갖추었다면 이제 무엇을 해야 할까? 지금까지 깨달으신 수많은 선지식들이 그 깨달은 방법만큼 수도 없이 많은 방편을 제시하셨다. 호흡을 관찰하기도 하고, 화두를 들기도 하며, 부처님의 모습을 관하기도 하고, 진언을 하기도 하며, 염불을 하기도 한다. 그러나 가장 중요한 것은 방법이 아니라 바로 명상을 하는 당사자의 마음이다. 모든 방편은 늘 분열된 마음을 하나로 모으기 위한 것이기 때문에, 자신의 근기에 따라 선택하면 될 뿐, 좋고 나쁜 방법이란 없다. 따라서 명상하는 사람이 얼마나 간절한 마음으로 지극하게 일념상응을 하는 가가 모든 방편의 핵심이다. 자신이 이 명상을 통해서, 모든 존재를 이익 되게 하겠다는 원력이 크면 클수록, 본래 갖추어진 자신의 성품에 대한 믿음이 깊으면 깊을수록, 모든 방법을 초월하여 깨달음으로 나아갈 수 있게 되는 것이다.

그리고 이 명상을 시작하기 전에 꼭 갖추고 있어야 하는 것이 하나 있는데, 바로 계율이다. 수행을 방해하는 고기와 오신채 등의 음식을 먹거나 세속 잡사에 매달리는 등 하루 종일 진리에 어긋나는 행동을 하는 사람이 명상을 제대로 한다는 것은 사실 불가능하다. 우리는 명상을 하기 전에 늘 준비가 되어 있어야 한다. 깨달음의 문은 여는 것과 동시에 열리는 것이기 때문이다. 이 세상에서 가장 거룩하고 순수한 마음, 모든 존재의 행복을 위한 간절한 마음을 가진 사람에게만 진리의 문이 열리는 것이지, 그런 자격이 갖추어 지기 전에는 열려고 해도 열리지 않는 것이 진리의 문인 것이다. 따라서 명상을 함에도 불구하고, 자신의 마음이 변화되는 것을 느끼지 못한다면, 언제나 깨달음을 얻으려고 하는 마음의 동기와 원력을 진솔하게 점검해 보길 바란다.

일념삼매가 되지 않는 이유

삼매에 방해가 되는 다섯 가지 장애는 다음과 같다.

첫째, 게으름
둘째, 대상을 잊어버림
셋째, 혼침과 도거
넷째, 혼침과 도거에 대한 대치법을 쓰지 않는 것
다섯째, 혼침과 도거가 없을 때 정지견을 내지 않는 것

참선수행을 하는데 중요한 것은 절대로 '얼마나 오랫동안 앉아 있느냐'가 아니다. 몸과 마음에 경안이 일어나면 얼마든지 자연스럽게 오랫동안 공부를 지어갈 수 있다. 정말로 중요한 것은 짧은 시간을 하더라도 정확하게, 올바른 동기를 가지고 해야 한다는 것이다. 티벳의 경우, 처음으로 명상수행에 들어갈 때, 단 5분을 하더라도 정확하게 수행할 것을 권한다. 우리나라는 주로 선방에서 참선을 배우는데, 초심자들의 경우, 바른 자세와 바른 동기, 바른 선정에 대한 가르침을 받지 못한 채 참선을 시작하게 되는 경우가 많다.

더욱이, 참선시간을 자율적으로 정하거나, 선지식의 지도 아래 조절 받지 못하는 상황에서, 대부분 50분 좌선, 10분 경행이라는 프로그램에 자신

을 맞추어야 한다. 처음 참선을 하는 사람에게는 앞에서 이야기했듯이 참선에 대한 정확한 인지를 심고 시작하는 것이 가장 중요한데, 50분을 채우려다 보니, 다들 한 철을 나면 '앉아서 조는 데'에 익숙해지거나 '앉아서 망상하는 데' 익숙해지게 되는 경우가 다반사이다.

그렇다면, 어떻게 참선을 지어나가야, 이러한 허물들을 짓지 않고 제대로 공부를 할 수 있을까? 맨 처음에 언급했던 삼매를 방해하는 다섯 가지 장애에 대해 다시 이야기 해보자.

첫 번째 장애, 게으름

우선, 초심자는 참선에 재미를 들여야 한다. 왜냐하면 진정으로 재미를 느끼는 일에서는 어느 누구도 게으름을 부리지 않기 때문이다. 노름에 재미 붙인 사람이 밤새는 줄 모르고, 몸이 아픈 지도 모르고 노름에 집중하듯이, 우리는 참선에 재미를 붙여야 한다. 그러기 위해서는 두 가지가 필요하다. 하나는 세간잡사, 세속적인 일들에 대한 재미는 통찰력으로 내려놓고, 부처님 공부에만 취미를 붙여야 하는 것이다. 계율을 지키고, 부처님 법에 대해 사유하고, 참회하는 등 부처님 공부에 대해서는 무엇이든지 신이 나서 하고, 모든 세속적인 일에는 무관심해야 한다.

또 다른 하나는, 참선을 할 때는 절대 억지로 시간을 채우지 말고, 가장 참선이 잘 되어갈 때 다음 시간을 기약해야 한다. 그래야 다음에도, 즐거운 마음으로 참선을 지어갈 수 있게 된다. 억지로 시간을 때우면, 다음에는 그만 부담이 되어서 하기 싫은 마음을 가진 채 앉게 된다.

두 번째 장애, 대상을 잊어버림

간혹 억지로 선방에 가서 철을 나는 사람 중에는 아예 한철 망상거리를 준비해 가는 사람들도 있다. 이것은 올바른 대상을 갖지 못하는 허물과 망상으로 인한 시간 낭비의 허물을 짓게 되는 것이다. 삼매의 대상은 사람마다 다 다를 수 있다. 화두가 될 수도 있고, 부처님의 모습이나 진언이 될 수도 있다. 중요한 것은 생사고해를 벗어나서 영원한 대 자유인이 되고자 하는 근본적인 목적 아래, 자신이 정한 그 대상을 놓쳐서는 안 된다는 것이다. 이것 조금 하다가 잘 안 된다고 다른 것으로 바꾸어서도 안 되고, 참선 중에는 자신이 정한 공부 외에 다른 생각들을 허용해서도 안 되는 것이다.

세 번째 장애, 혼침과 도거

하나의 대상에 집중하는 것을 방해하는 것은 바로 혼침과 도거이다. 어둡게 가라앉는 무거운 마음과 이리저리 들떠서 나부끼는 마음은 선정의 독이다. 계율을 잘 지니고 탐욕(세속심)을 잘 경계한다면 혼침과 도거를 치성하게 하는 원인들을 줄여갈 수 있다.

네 번째 장애, 대치법을 쓰지 않는 것

사실, 참선의 요령을 터득하기 전에는 모든 사람들이 혼침과 도거의 장애를 겪게 된다. 문제가 되는 것은 혼침과 도거 자체가 아니다. 오히려 혼침과 도거가 왔을 때에 이를 알아차리지 못하거나, 알아차리더라도 이를 내버려 두는 것이 아주 심각한 문제이다.

혼침이 왔을 때는, 불법에 환희심을 돋우는 바른 생각을 일으키고, 부처님의 광명 등을 사유하는 것이 좋다. 반대로 도거가 왔을 때는, 들뜨는 마음을 안정시키기 위해, 무상이나 죽음에 대해 사유하는 것이 좋다. 간혹 선방에서, 혼침과 도거에 대한 대치법으로 위에서 언급한 정견의 대치법을 쓰지 않고, 삿된 대치법을 쓰는 경우가 있다. 예를 들면, 진한 커피를 마신다든지, 음란하거나 엉뚱한 생각을 짓는다든지, 바늘로 스스로를 찌르는 등의 행동들이 그런 경우이다.

혼침이 왔을 때, 이를 즉각적으로 알아차리고 정견으로 대치법을 쓰되, 그래도 어려울 때는 경행을 하거나 찬물로 세수를 한다. 그래도 되지 않을 때는 참선을 잠시 쉬어야 한다. 무조건 '화두만 들어라'라고 배운 초심자들이 바른 대치법을 쓰지 않고, 눈치 보인다고 경행도 하지 못하고 그저 시간 가기만을 기다린다면 이 얼마나 슬픈 일인가.

다섯 번째 장애, 혼침과 도거가 없을 때, 정지견을 내지 않는 것

혼침과 도거의 장애가 없어서, 마음이 선정에 들었을 때에는, 마음을 대상에 머무르되 노력을 완화해야 한다. 이때에, 억지로 노력을 지어가면 오히려 마음이 산란하게 된다.

이와 같이, 선정삼매에 장애가 되는 것들을 잘 살펴서, 바른 선정을 지어가야 한다. 물론, 이 모든 것을 시작하기 이전에 가장 중요한 것이 바로 '바른 동기'임을 다시 한 번 잊어서는 안 되겠다.

선정 속의 체험

　　　　　　　　　　　　　여기 지리산에 스님을 찾아온 사람들 중에 무언가를 얻어가는 사람들은 늘 순수하고 마음이 열려있는 사람들이었다. 자신의 체험들을 점검하러 온 사람들은 무언가를 얻어가기 이전에 오히려 많은 것을 내려놓아야 했다. 신통한 체험에 빠져있던 사람들은 자신이 특별하다는 생각에 사로잡혀 일반인들보다도 오히려 더 오만하고, 이해심도 부족하고, 마음이 닫혀 있는 경우도 있었다.

　스님께서는 늘 말씀하셨다.

　"도를 깨치면 모든 존재가 이미 깨달음의 상태에 있다는 점에서 너무나 평등하다는 것을 알게 된다. 오직 전도된 생각 때문에 고통 받는 존재가 있을 뿐이다. 자신의 성품을 보면 누가 뭐라 하지 않아도 저절로 원력의 삶을 살게 된다. 이는 아주 자연스럽고 당연한 일이다. 도를 깨쳤다고 해서 돌아다니면서 막행막식하는 사람들은 아직 자신의 성품을 보지 못했을 뿐만 아니라, 부처님의 가르침을 제대로 알지 못하기 때문에 그렇게 사는 것이다."

　가끔 자신에게 별다른 체험이 없다고 한탄하는 수행자들이 있다. 남들은 선정 속에서 뭔가를 보고, 듣고, 또 알게 된다고 하던데, 왜 나는 그런 체험이 없는 것일까. 그러나 스님께서는, 언제나 모든 체험은 업보에 의해 형성되며, 가장 수승한 체험은 바로 '체험 없음의 체험'이라고 늘 강조하셨다.

어떤 수행자들은 기이한 체험과 혹은 화두가 얼마나 잘 들리는지를 가지고 수행을 점검하는 경우가 있다. 그러나 정작 우리가 자신의 수행을 점검할 수 있는 기준은 아주 기본적인 데에 있다. 그것은 바로 우리 자신의 마음을 살피는 것이다. 내가 탐·진·치 삼독과 오욕락의 마음에서 자비와 지혜의 마음으로 전환하고 있는지, 내 눈앞에 불보살이 나타나고, 내가 과거 생을 훤히 알게 되고, 꿈속에서도 화두가 들리고, 남의 생각을 귀신같이 알아 맞춰본들, 자신의 마음이 탐욕과 어리석음과 화냄과 교만으로 얼룩져 있다면, 그런 신통들이 무슨 소용이 있겠는가?

스스로가 공부하는 수행자라고 말하면서, 기본적인 계율에 철저하지 못하다면 그것은 자기 자신을 수행이라는 이름으로 속이는 것이다. 결국 부처님의 가르침은 자기 마음을 다스리는 계율에서 출발하여 보현의 행원으로 완성되는 것이다.

본성에 있어서는 깨친 이나 깨치지 못한 이나 평등하다고 하는데, 깨친 사람과 아직 깨치지 못한 사람의 삶은 과연 다른 것일까? 다르다면 어떻게 다를까? 깨친 사람은 중생을 향한 연민의 마음으로 보살도의 삶을 살게 된다. 그러면 아직 깨치지 못한 사람은 어떤 삶을 살아야 할까? 당연히 각자의 위치에서 중생을 향한 자비심으로 살아야 할 것이다. 참된 수행이란, '우리가 본래 자유롭다는 것'을 자각하는 것이다. 모든 존재는 본래 자유롭고, 본래 깨달아 있기에, 스스로의 에고에 빠져 깨달음을 말로만 논하려고 하지 말고, 다만 깨달음의 삶, 즉 보살의 삶을 살아가는 것만이 부처님의 가르침을 진정으로 이해한 것이라 하겠다.

문수사리소설 부사의 불경계경

비록 모든 법의 자성이
허공과 같음을 관찰하나,
부지런히 공덕을 닦아서
마음을 윤택하게 하고 깨끗이 하여
공덕장엄을 이루게 한다.

● 홍서원의 돌탑

깨달음으로 가는 반야, 지옥으로 가는 반야

흔히들 불교의 핵심사상이 '공空사상'이라고들 한다. 그러나 이 '공사상'을 제대로 증득하지도 않고, 머리로만 이해한 상태에서, '바른 견해'와 '자비심'을 갖추지 못한다면 참으로 슬픈 일이 벌어지게 된다. 생각한 것보다, 훨씬 심각하게, '아전인수我田引水' 격인 공사상에 빠져 있는 사람들을 자주 보았기 때문이다.

육식을 하는 수행자들은 대부분 이렇게 말한다.

"다 공한데, 먹는 것에 분별심이 있어서, 어찌 도를 깨치겠는가?"

"다 공한데, 청정함에 빠져 있고, 계율에 갇혀 있어서, 어찌 깨닫겠는가?"

또 어떤 수행자들은 이렇게도 이야기 한다.

"이제껏 먹고 싶어도 참아가면서 자신을 속였는데, 이제는 수행을 하면서 알아차림으로 나를 살피게 되니, 그런 억지 행동은 하지 않게 되었다. 그래서 이제는 먹고 싶으면 먹고, 또 먹고 싶지 않으면 먹지 않게 되는 그런 알아차림의 삶을 살게 되었다."라고.

이러한 논리는 술 마시는 문제를 비롯하여 세속적인 것을 즐기는 문제에도 똑같이 적용된다. 그래서 많은 수행자들이 TV를 보면서도 자신은 화두를 들고 있다고 말하기도 하고, 세속적인 욕망대로 살아가면서도 스스로는 공부 잘 하고 있다고 장담하기도 한다. 그러나 이러한 논리들은 조금만 깨어있는 의식으로 살펴보면, 너무나 우스운 '자기변명'일 뿐, 부처님의 참다운 가르침과는 어긋나 있다는 것을 알 수 있다.

예를 들어, 청정함에 빠져 있으면 안 된다고 하는 스님에게 똥, 오줌을 주면서 먹어보라고 해 보자. 과연, 모든 분별을 끊고 주는 대로 받아먹는 수행자가 몇이나 될까? 똥오줌은 고사하고, 조금 오래된 반찬도 안 먹으려 할 것이다. 또, 드라마를 보면서도 화두가 성성하다고 하거나, 술과 담배에 걸리지 않는다고 하는 수행자에게 펄펄 끓는 뜨거운 물에 손가락을 담가보라고 해 보자. 과연 부처님께서 인욕행을 하셨던 것처럼, 온 몸이 조각 조각 부서지는 상황에서도, 화두가 성성하다고 말할 수 있을까.

게다가, 진정한 알아차림이란 내 마음을 선하게 전환할 수 있음을 의미하는 것인데, 만일 마음에 음란한 생각이나 살생하고 싶은 마음이 일어난다면 어떻게 할 것인가? 마음에 일어나는 삼독심을 그대로 행동으로 옮기는 것이 과연 제대로 된 알아차림이라고 말할 수 있을까. 비록 깨달음의 자리가, 선악분별을 초월한 자리라고 해도, 그 자리에 가기 위해서는 지극히 선한 사람이 되어야만 하는 것이다.

"털끝만한 악행도 짓지 않는 것이 계이고,

선법을 원만하게 봉행하는 것이 정이고,
자기의 몸과 마음을 원만하게 조복할 줄 아는 것이 혜이다."

스님께선 늘 말씀하신다.
"선지식들은 깨달은 사람을 기특하게 여기지 않는다. 그들이 존재계에서 가장 귀하게 여기는 사람은 바로 보리심을 일으켜 보살행을 하는 이들이다."

생각해 보라. 깨달음을 얻는 이유는, 자신과 타인을 가장 이롭게 하기 위함인데, 연기의 법으로 이루어진 이 세상에서, 가장 위대한 깨달음을 이루려고 하는 이들이, 하고 싶은 대로 행동하고, 먹고 싶은 대로 먹어가면서 깨달음을 얻으려고 한다면, 깨달음에 대한 자격이 주어지겠는가? 이에 대해, 티벳 까규파의 8대 까르마빠는 〈불공 회향 기원문〉에서 다음과 같은 말을 남기셨다.

"불법을 수행할 자유는 부족하면서, 불법에 어긋나는 일에는 자유로운 듯 보이는, 그런 사람이 되지 않음에 회향합니다. 깨달음을 성취할 반야는 조금밖에 없으면서, 지옥을 성취할 위대한 반야를 지니고 있는 듯한, 그런 사람이 되지 않음에 회향합니다."

우리가 이 사바세계, 연기緣起의 세상에 살고 있는 한, 자비심이 결여된 '공사상空思想'은 부처님께서 뜻하신 바가 아니다.

공사상만큼 연기법을 제대로 이해한 수행자는 음식에 대한 분별은 없지만, 남의 살을 먹는 일은 하지 않게 되고, 술을 마셔도 화두가 성성할지언정, 후학들을 위해서 술 마시는 모습은 보여주지 않게 되며, TV를 보면서도 공부가 될지언정, 그 시간에 좀 더 깊이 있는 수행을 하게 되는 것이다.

스님께서, 가끔씩 물어보신다.

"우리나라 불교 전통에서, 선지식들이 선에 대한 게송을 읊은 다음에, 왜 꼭 '나무 아미타불'을 하는지 생각해 봤나? 이 도리를 알면, 수행자가 세상을 어떻게 살아가야 할지를 알게 된다."

선악을 초월한 자리, 계율을 초월한 그 자리는 선함과 계율이 몸과 마음에 익어서 악한 행동을 하려야 할 수 없고, 계율에 어긋난 생각을 하려야 할 수 없는 그런 이들에게 해당되는 것이다. 자신의 욕망과 세속심, 게으름을 합리화하는 수행자에게는 멀고도 먼 꿈속의 이야기일 뿐이다.

아뇩다라삼먁삼보리

스님께서 30대 초반에 불법을 처음 만나셨을 때의 이야기이다. 언젠가 먹지도 않은 채 지리산을 일주일 동안 걸으시면서, 스님께서 증득한 바를 행선行禪으로 점검하신 적이 있으셨다. 오직 찬란하게 깨어있는 마음으로, 몸과 마음에서 일어나는 모든 것, 숨을 내쉬고 들이쉬고, 다리 하나 들어 올리는 것, 손가락 하나 움직이는 것, 이 모든 것을 하나도 놓치지 않고 철저하게 주시하면서, 고요와 적정 속에서 아주 천천히 발걸음을 옮기셨다. 요즘 사람들이 빠르면 하루 만에도 다녀오는 산행을 일주일 동안 하셨으니 얼마나 깨어있는 마음으로 걸었겠는가? 비가 오면 비를 맞고, 밤이 되면 나무 밑에서 명상을 하고, 그렇게 일주일을 '철저한 깨어있음과 알아차림'으로 수행하시면서, 당신의 깨달음을 또 다른 행법으로 점검하신 것이다.

그리고 일주일간의 수행을 마치고 내려와, 사람들에게 "우리나라의 큰스님이 어떤 분이냐?"고 물어보고, 해인사로 향하셨다. 그러나 어른스님이 계신다는 백련암을 먼저 올라가 보니, 그 입구에 '침묵하시오'라는 문구가 소나무에 대못으로 박혀있는 것을 보고, 그 소나무 옆에서 밤새 참선만 하시고 새벽녘에 해인사 큰법당으로 내려가셨다.

마침 그 날이 해제일이라서, 수많은 사람들이 해제법문을 듣기 위해 모인 상황이었다. 스님께서도 법문을 들으러 법당에 들어가려고 하다가, 수염으로 덮여 있는데다 일주일 동안 씻지도 않은 당신의 모습을 살피시고는, 급히 계곡으로 내려가서 세수를 하고 법당으로 올라가셨다.

그때, 해제 법문은 혜암 스님께서 하셨는데, 그 말씀이 너무나 마음에 쏙 들어서 개인적으로 다시 친견하고 싶은 마음이 일어나셨다. 그래서 사람들에게 조금 전에 법문하신 분이 누구시냐고 물어보니 원당암 혜암 스님이라고 해서 원당암으로 올라가셨다. 어른스님께서 시간이 되어 방으로 들어오시면서, 입구에 앉아있던 당신을 쳐다보셨다. 그때, 스님께서는 혜암 스님께 지극하게 절을 올리면서, 다음과 같이 말씀드렸다.

"저의 마음은 청정하여 한 점 티끌도 없으나,

다른 사람들을 위해,

몸을 씻고, 옷을 갈아입고 왔습니다."

그러자 혜암 스님께서는 환하게 웃으시면서, "그것이 바로 대승의 마음이다."라고 하시면서, 당시에는 처사였던 스님을 앞으로 불러서 정성스럽게 무언가를 쓰셔서 봉투에 담아주시면서, "참구해 보십시오."라고 하셨다. 해인사에서 집으로 돌아가는 버스 안에서, 그 봉투를 열어보니, 봉투에는 '부모미생전父母未生前 본래면목本來面目'이라는 글귀가 쓰여 있었고, 그 글을 보는 순간 입가에 미소가 번지셨다. 집에 도착하자마자 게송을 적어

편지로 보내드렸는데, 아무리 생각해 보아도 어른스님에 대한 도리가 아닌 것 같아, 직장 일을 다 마친 뒤 서둘러 다시 해인사로 향하셨다.

스님께서는 그 무렵 시내버스 운전을 하실 때였는데, 일을 마치고 터미널로 가니 때마침 마산 가는 막차가 있어서 그것을 타고, 다시 마산에서 고령 가는 막차를 타고 고령에 내리셨다. 한밤중이어서 칠흑같이 어두웠는데, 지나가는 길에 있는 검문소의 의경들이, 스님께서 해인사에 간다고 하자, 지나가는 차를 세워, 운전사에게 태워주기를 부탁했다. 결국 그 차는 해인사에서 떨어져 있는 읍내까지 스님을 태워주었고, 거기서부터 해인사까지 걷기 시작하셨다. 캄캄한 밤길을 밤새도록 걸어서, 새벽 두 시쯤 일주문에 도착하자마자, 지극한 마음으로 땅바닥에 엎드려 절을 올리시면서, 다음과 같이 발원하셨다고 한다.

"부처님, 불보살님, 부모미생전 본래면목을 보니, 이제 거짓된 저 개인의 삶은 끝났습니다. 앞으로 세세생생 날 적마다, 오직 부처님 은혜 갚는 일만 하며, 오로지 중생을 생사고해에서 건지겠습니다. 제불보살님께서는 증명하옵소서."

그러자 스님 앞에 있던 큰 나무가 갑자기 광명을 발하기 시작했다. 스님께서는 그 나무 껍데기를 조금 떼어 가방에 넣고 다시 원당암으로 발걸음을 옮기셨다. 이른 새벽에 원당암에 오르는 다리에 다다르자, 혜암 스님께서는 여명이 밝아오기도 전인 새벽, 미리 그곳까지 나와 계셨다. 혜암 스님께 "제게 적어주신 글을 보고, 편지를 보내드렸는데, 어른스님에 대한 예의가 아닌 것 같아 이렇게 직접 찾아뵙고 말씀드리러 왔습니다."라고 하면서, 당신이 깨달은 바를 말씀드리니, 혜암 스님께서 이렇게 말씀하셨다고 한다.

"내가 너를 인가하노라. 다시는 퇴전하는 일이 없을 것이다. 오래도록 드러내지 말아라."

그러고 나서, 혜암 스님께서는 스님과 함께 오랫동안 도량을 거닐면서 말씀하셨다. 마침 아침 공양시간이 지나서, 혜암 스님의 평소와는 다른 모습을 멀리서 지켜보던 공양주 보살님이 겸상을 차려놓고, 공양을 드시라고 말씀드렸다. 혜암 스님께서도 같이 아침 공양을 하자고 권하셨으나, 스님께서는 "이미 배가 부릅니다."라고 하니, 어른스님께서도 웃으시면서 보내주셨다. 그때가 1986년 초가을의 일이었다.

영가 스님이, 육조 혜능 스님에게서 법을 인가 받은 후에, 육조 스님이 오래도록 같이 머무르자고 하여도, 하루 밤만 자고 떠났기에 '일숙각'이라고 알려졌는데, 스님께서는 하루 밤은 고사하고 한 끼 식사도 같이 하지 않으시고 발걸음을 돌리셨다.

● 조계종 전 종정이신 혜암 큰스님과 함께.
혜암 큰스님께서 정봉 스님에게 주신 법명은 벽안(碧眼)이었다.

그때 스님께서는 왜 그러셨을까? 아마도 먼 훗날, 우리 불교의 앞날을 내다보신 게 아닌가 생각된다. 스님께서는 집에 돌아와서, 문득 무심코 가방에 넣어 둔 나무 조각이 생각나서, 속가 보살님을 불러 꺼내 보이셨다. 그러자 신기하게도 그 빛이 보살님을 기다렸다는 듯이, 나무 조각 끝부분에 남아 있다가 보는 순간 스르르 사라져버렸다. 보살님은 그 빛을 보는 순간, 너무나 놀랍고, 두렵고, 환희로운 마음에, 출가하러 가실 수 있도록, 바로 이혼을 하고 스님을 보내드렸다. 그리하여, 스님께서는 구도의 길을 원력으로 승화시키기 위해 출가하시게 된 것이다.

20여 년이 지난 요즘에서야 스님께서는 가끔씩 인연이 닿는 분들에게 위와 같은 이야기를 방편상 들려주실 때가 있다. 하지만 '깨달음'이라는 것이 누구나 얻을 수 있는, '보편적이고 평등한 것'이라는 것을 받아들이지 못하는 사람들은, 아마도 세속적으로 많이 배우지도 않았고, 스님도 아니었던, 시내버스를 운전하던 가난하고 평범한 한 가장이 생사가 없는 이 위대한 도리를 알았다는 것을 인정하기 어려울 지도 모른다.

스님께서는 당신께서 깨달음을 얻고, 인가받게 된 이야기를 하실 때면 늘 하시는 말씀이 있다.

"참 희한하재. 내처럼 무식하고, 배운 것 없고, 가진 것 없는 놈에게 기적이 일어났다니…. 많이 배운 사람들에게 이 일이 일어났으면 참 좋았을 텐데…. 난 그 날 이후로 모든 의문이 사라져 버렸어. 그 순간 내가 안 것은 내가 다시는 태어나지 않는다는 것, 죽는 존재가 아니라는 것, 그리고 언제나 생사에 자유롭다는 것이었다."

스님께서는 작년에 마지막으로 티벳 까규파의 17대 까르마빠를 단체 친견할 때, 줄지어 서 있는 대중들 맨 끝에서 발걸음을 옮기시면서, 이렇게 발원하셨다.

"존자님께서는 법왕으로서 높은 곳에서 이 수많은 중생들을 이끌어 주십시오. 저는 가장 낮은 곳에서, 일체 중생이 깨달음에 들 때까지, 제일 마지막까지 남아 제 할 일을 하겠습니다."

스님의 삶은,
한산과 습득처럼, 원효 스님과 대안 스님처럼,
보화와 암두처럼, 방거사와 부설거사처럼,
혜월 스님과 수월 스님처럼,
늘 세상 사람들이 다가갈 수 있는 가까운 곳에서,
우리들과 함께 울고 함께 웃으시면서,
그 가슴 가슴마다 깨달음의 씨앗을 심어주고 계신다.

돈오의 삶이 자비 방편의 삶이다

아직도 논쟁이 끊이지 않는 돈오돈수頓悟頓修와 돈오점수頓悟漸修. 한국 불교가 바른 길로 가지 못한 데에는 아마도 이 논쟁이 확연히 정리되지 않은 탓도 있을 것이다.

여기서 우리가 분명히 이해해야 할 것은, 규봉종밀圭峰宗密(780-841)과 보조지눌普照知訥(1158-1210) 국사를 조금이라도 폄하한 점이 있었다면 반성해야 한다는 것이다. 또한 돈오돈수를 주장하더라도, 말이 떨어짐과 동시에 이미 '돈오돈수'라고 하는 것과는 어긋나 버렸다는 점이다. 왜냐하면, 이 '돈頓'이라는 것은 깨달음이라는 '오悟'자를 붙일 수도, 수행이라는 '수修'자를 붙일 수도 없는 것이기 때문이다. 본래 깨달아 있는데, 어떻게 수행이라는 이름을 덧붙이겠는가?

수행자의 입장에서, 돈오돈수니 돈오점수를 따져서는 온당치 않다. 다만, 바로 본래 깨달아 있는 그 자리에 계합되는, 돈오적인 삶을 살아가는 것이 중요하다. 내가 깨달았거나 또는 못 깨달았거나 간에, 깨달음이란 본래 갖추어져 있기에, 이 사바세계에서 펼쳐지는 모든 수행은 '일체 중생을 위한 자비행' 즉 자비 방편일 수밖에 없음을 이해해야 한다. 즉 깨달은 사람이거나 깨닫지 못한 사람이거나 그 삶은 원력의 보살행뿐임을 알아야 한다는 것이다. 이것은 또한 부처님께서 말씀하신 연기법에 대한 올바른 이해라고 할 수 있다.

특히 돈오는 대중적으로 여러 번 반복해서 말할 필요가 없다. 지금까지 깨달음을 얻었던 수많은 선지식들은 늘 방편을 이야기해 왔다. 단지, 근기가 되는 사람들이 알아차릴 수 있도록, 몇 번만 본체적인 입장에서 언급하셨던 것이다. 우리나라 불자치고, 돈오를 몰라서 수행 못하는 사람이 있을까? 지금 우리나라의 현실을 좀 더 솔직히 들여다보자. 돈오돈수, 돈오점수의 논쟁이 과연 우리에게 무엇을 남겼는지….

가만히 잘 되짚어 보면, 우리는 얻은 것보다 잃은 것이 더 많다. 오히려 근기가 성숙되지 않은 사람들에게 돈오는, 어린아이 손에 쥐어진 칼과 같이 자신을 해치는 결과를 가져왔다. 선禪을 안다고 자부하는 분들 중에서 몇몇 분은 고기를 먹고 술을 마시면서, "깨달음에 어디 청정하고 더러운 것이 있나? 청정한 데 빠져있어서 어찌 깨달음을 얻겠느냐?"는 실로 어처구니없는 돈오를 말하기도 한다. 또한 최상승의 선을 한다는 자부심에, 예불의식을 하찮게 여기고, 경전을 우습게 여기며, 삼보에 대한 귀의심마저 없는 거만한 불자들을 종종 만나는데, 그때마다 안타깝게 그지없다.

예로부터, 크게 깨친 위대한 선지식들은 여러 가르침을 법답게 '회통會通' 하셨다. 우리가 생사를 요달하고 대자유인이 되어, 일체 중생을 깨달음으로 이끌기 위해서는 정말로 세심하게 살펴 바른 견해를 갖추어야 한다. 맹목적인 권위에 눈이 멀어 제대로 사유하지도 않고, 마냥 그럴 것이라고 믿는 것은 참으로 위험하다.

우리가 얻는 깨달음이 비록 부처님의 구경지究竟智와 한 치의 오차도 없는 동등한 것이라고 해서, 나의 미천한 방편이 부처님의 위대한 방편지方便智와 동등하다고 여겨서는 안 되는 것이다. 예로부터 보살행을 말한 것은, 우리가 비록 본 성품 자리에서는 부처님과 동등하다고 할지라도, 무량한 중생들을 위해 무량한 방편지를 구족해 나가야 함을 강조한 것이다.

부처님께서 49(45)년간 설법하시면서, 다만 돈오만을 말씀하시지 않고 방편을 설하신 것은 오로지 중생들을 근기 따라 제도하시기 위함이었다. 이 근본 뜻에 입각해서 돈오돈수頓悟頓修니 돈오점수頓悟漸修니 논쟁하는 일 없이 모든 가르침을 회통해야 하는 것이다.

우리가 『육조단경』을 읽을 때도, 『육조단경』 안의 참 뜻을 읽어낼 수 있어야 한다. 만일 그렇지 못하고 점수漸修를 비방하는 마음으로 신수의 가르침을 깎아내린다면 참으로 슬픈 일이 될 것이다. 정말로 안목을 갖춘 사람은, 『육조단경』을 보면서, 혜능慧能(638~713)과 신수神秀(605(?)~706)의 게송을 회통하여 신수를 폄하하지 않을 것이다. 모 강원에서는 규봉종밀의 가르침을 배우지 않고 대신해서 『육조단경』을 배운다고 한다. 그러나 잘 살펴보면, 규봉 스님과 보조 스님의 가르침은 회통사상이고, 『육조단경』은 근기가 성숙되지 않은 사람이 보면 제대로 이해하지 못하고 오해할 위험마저 안고 있다.

현재 우리나라 불교를 이끌고 있는 선지식들께서는 돈오만을 주장할 것이 아니라, 오로지 수행자들이 돈오할 수 있도록, 방편 묘지력으로 수행자의 근기를 성숙시켜야 한다. 우리가 수행이라고 하는 것은 모조리 돈오頓悟

속의 점수漸修 수행, 즉 방편일 수밖에 없음을 이해해야 한다.

　우리나라의 전통적인 사찰에는 예로부터 깨달은 분들이 장엄해 놓으신 어마어마한 방편들이 곳곳에 숨겨져 있다. 특히나, 우리나라의 예불 의식에는 현교와 밀교를 통틀어 우리가 깨달음으로 나아갈 수 있도록 하나도 빠짐없이 장엄되어 있다.

　스님께서는 우리들에게 이런 말씀을 하신다.

　"요즘, 우리나라에서 수행하다가 한국불교에 만족을 느끼지 못하고 저 멀리 티벳이나 남방으로 가는 수행자들이 많은데, 이는 공부에 대한 간절한 마음과 선지식에 대한 갈망 때문이지…. 그러나 엄청난 보물들이 우리나라 불교에 모두 갖춰져 있는 것을 알지 못하고 외국으로 나가는 것이 안타까워. 한국불교의 위대한 보물을 알고 외국에 나가서 한국불교를 알리는 역할을 해 주면 얼마나 좋겠어. 선禪이 바로 밀교인데…."

　귀의와 참회, 감사, 원력, 회향 등 우리가 참선하기 전에 갖추어야 할 모든 것이 우리 예불의식 속에 다 들어있다. 또한 우리나라의 사시예불에는 엄청난 복덕자량을 순식간에 쌓을 수 있는 밀교의 방편이 구족되어 있다.

　보통 반야의 지혜와 자비의 방편이 부처님 가르침의 핵심이라고 하면, 우리나라의 예불의식은 화엄사상으로 장엄되어 있기에 '속제俗諦의 보리심' 즉 '일체 중생을 향한 원력과 대자비심'을 매일매일 일깨우도록 되어있고, 또한 반야심경을 독송하고, 사부대중 누구나 참선을 하게 함으로써 '진제眞諦의 보리심' 즉 '반야지'를 일상에서 체득하도록 하고 있는 것이다.

　스님께서는 이렇게 말씀하셨다.

"선禪이라는 것은 정말 겁나는 거야. 여기에서는 높고 낮고, 많이 배우고 못 배우고, 그 모든 것이 다 발붙일 수 없어. 소를 잡던 백정이 이 위대한 가르침을 듣고, 마음이 바로 열려서, '나도 천불千佛 중의 하나다!'라고 외쳤잖아. 진정한 자유는 선을 통해서 가능해."

문제는 이 위대한 선을 수용할 수 있도록, 깨달은 선지식들이 미묘한 방편을 통해, 제자들의 근기를 성숙시키는 데 있다. 즉 '모든 존재가 본래 부처'라는 것, '모든 존재가 본래 깨달아 있다'는 돈오의 인지에서 시작해서, 제자의 마음이 완전히 계합될 수 있도록, 귀의하고 참회하고 원력을 세우고, 일체 중생에게 회향하는, 보리심을 가꾸어가도록 해야 한다는 것이다.

그러기 위해서는, 전통적인 예불의식을 절대로 소홀히 여겨서는 안 된다. 참선 공부한다고 예불도 안 드리고, 경전도 읽지 않고, 참회도 하지 않고, 세상 사람들에게 불법조차 전하지 않는다면 반드시 장애가 생겨 공부를 계속해서 이어갈 수 없게 되어 있다.

모든 것을 내려놓고 참선만을 해야 하는 사람은, 이 모든 것이 갖추어진 극소수의 사람으로, 이런 사람들은 선지식의 보호 아래 무문관 수행을 하는 것이 좋다. 아직 발보리심發菩提心하지 않은 수행자는 반드시 예불과 참선을 함께 해야 바른 수행으로 나아갈 수 있다는 것을 꼭 기억해야 한다.

발심행자의 출가

예전에 스님께서 써 놓으신 행자교육용 필기 노트를 보고, 말로 다할 수 없는 감동을 받은 적이 있었다. '아, 정말 이런 마음으로 출가하셨구나….' 그 글을 보니, 처음 스님께서 출가하셨을 때, 얼마나 그 마음이 간절하셨는지 조금이나마 알 수 있었다.

중학교 졸업하고 바로 세상으로 나오셨던 스님께서는 그때부터 늘 가난하고 소외받는 사람들과 함께하면서 뼈아프게 세상을 겪어 오셨다. 31살이 되시던 해, 한 가족의 가장으로 버스 운전을 하고 계셨던 스님께서는 자정이 조금 지난 시간이 되면, 버스종점에 도착해서 차고에 차를 넣고 30분 정도 떨어진 집까지 늘 걸어오시는 것이 당신의 일상이었다.

그러던 어느 날, 그날도 밤늦게 일을 마치고 차고에 버스를 넣고 나오는데, 갑자기 '아, 이제는 정말 세상에서 해야 할 일을 다 해 마쳤다.'는 생각이 물밀듯이 밀려오셨다고 한다. 그리고…. 뼛속에서 사무치는 참회와 회한의 눈물이 끊임없이 쏟아져 내렸다. 버스 종점에서 집에 도착할 때까지도 그치지 않았던 눈물….

그날 밤, 세상에 대한 모든 미련이 다 사라져버린 스님께서는 몸을 깨끗이 씻으시고, 결가부좌하고 조그만 방안에 앉으셨다. 그리고…. 모든 것을 내려놓고, 당신이 알고 있었던 성인들의 이름을 부르면서 이렇게 간절히 염하셨다.

"부처님, 하느님, 관세음보살님! 이제 이 세상에서 제가 할 일은 더 이상 없습니다. 모든 것을 당신께 다 맡기겠습니다."

그리고 당신께서는 고요히 당신의 호흡을 지켜보기 시작하셨다. 몇 번의 호흡을 지켜보던 찰나, 문득 스님은 호흡을 따라, 소리와 빛을 따라 바로 적멸의 근원으로 들어가 버리셨다. 오직 일념으로 몰입하는 상태 속에서, 모르는 사이에 그만 숨이 끊어져 호흡과 생사를 넘어가 버린 것이다.

그리고 그 순간….

세상의 온갖 힘든 일을 겪으면서, 가족들을 먹여 살리기 위해 책 한 줄 볼 여유도, 참선 한번 해 볼 여유도 없이 살아오셨던 스님께…, 세상에는 눈곱만한 미련도 남아 있지 않아 모든 것을 내려놓고 위대한 분들께 당신을 온전히 내맡기셨던 스님께….

세상이 거꾸로 뒤바뀌는 기적이 일어났던 것이다.

당신께서는 이 날 이후로, 당신께서 체험한 것이 무엇인지 확인해 보기 위해, 책방에 있는 종교 서적이란 종교 서적은 다 찾아서 읽어보게 되셨다. 그리고 당신께서 체험한 도리와 온전히 일치하는 것이 불교임을 확인하게 되면서 바로 불법에 들어오신 것이다.

이렇게 생사 없는 도리를 증득하시고, 오직 중생을 위한 간절한 원력으로 출가하게 되셨을 때, 스님께서는 당신처럼 절의 모든 스님들이 당연하게 생사 없는 도리를 증득하신 분들이라고 생각하셨다.

  그때만 해도 절집일이 요즘보다 훨씬 어렵던 시절이었다. 도량이 무척이나 컸던 까닭에 예닐곱이나 되었던 법당청소며 장작 패고, 물을 직접 길고, 솥에 목욕물을 끓이는 등의 모든 일을 도맡아 했던 시절이었다. 그러나 스님께서는 절집 일을 힘들거나 어려워하지 않으셨다. 오히려 아무런 계산을 할 줄 몰랐던 스님은 평생 동안 행자를 한다는 마음으로 늘 그렇듯 몸을 아끼지 않으셨다. 하지만 당신의 예상과는 달랐던 절집의 모습을 보고 마음이 참 많이 아프셨다고 한다.

  때마침, 환희심으로 스님께서 홀가분하게 출가하도록 보내주셨던 속가 보살님께서 몸져누워 생사가 오락가락한다는 소식을 들으셨다. 잠깐의 망설임은 있으셨겠지만, 후일을 기약하고 다시 속가로 돌아가셨다. 병원에서는 이미 가망이 없다고 했지만, 스님께서는 보살님을 살리기 위해 최선을 다하셨다. 처음 당신을 선뜻 절로 보내준 그 마음이 고맙고, 속가의 가족으로 만난 인연을 제대로 회향하기 위해, 출가생활을 잠시 접으시고 일단 죽어가는 보살님을 지극정성으로 돌보셨다. 그때 초등학생이었던 현현 스님은 어린 나이에 집에 돌아가면 늘 시체처럼 누워있는 엄마를 보면서 혹여나 숨소리가 너무 작아지면 돌아가신 것이 아닐까 하는 마음에, 휴지를 떼어 코밑에 대어보고 그 휴지가 아주 미세하게 움직이면 아직 살아 계시다는 그 희망에 소리 없이 울었던 날이 많았다고 한다.

  그 당시, 스님께서는 당신의 출가를 힘들어 하는 가족들을 보면서, '나와 제일 가까운 인연을 제도하지 않으면 누구를 제도 하겠나.'라는 원력으로 멀리 내다보시고, 다시 속가에서 수행하기 시작하셨다. 당신 마음에 막내딸이 고등학교를 졸업하는 그 날까지는 가족을 돌본다는 다짐 아래, 속가에서 출가 생활과 다름없는 수행 생활을 하셨다.

결국 스님께서는 새벽에는 절집에서 행자 생활을 하고, 낮부터 늦은 밤까지는 시내버스 운전을 하여 식구들의 생계를 책임지셨는데, 하루는 어느 스님이 찾아와 하루 종일 스님을 따라다니며 공부를 해 보겠다고 하셨다고 한다. 그 스님은 새벽에 스님과 똑같이 일어나서 예불 드리고 행자 생활을 하고, 낮부터 밤까지는 하루 종일 시내버스를 같이 타고 다니면서 스님을 따라다니며 수행을 하셨는데, 며칠 만에 그만 두 손 두 발 다 들어버렸다고 한다. 그만큼 스님의 삶은 보통 사람들이 따라하기 힘든 애절하고도 간절한 삶이었다.

가장으로서 가족을 책임지면서도 부처님 공부를 놓치지 않으셨던 스님…. 시내버스가 신호에 걸릴 때마다, 교통이 정체될 때마다, 틈틈이 경전을 읽으시면서, 진언을 하시면서, 철저히 깨어있는 의식으로 조그마한 사고 하나 없이 그렇게 지극하게 수행하셨던 것이다. 시내버스 회사 식당에서 채소만 골라 드시고, 김치도 물에 씻어 드시면서 철저하게 오신채와 고기를 금하시어 머리카락이 노랗게 변해버릴 정도였다. 그럴수록 불법을 향한 스님의 신심은 더욱 증장되었다. 처음에는 이상하게 생각하던 회사 직원들도 스님을 '강도사'라고 부르면서 신뢰하게 되었고, 식당 보살님도 나중에는 스님을 위한 반찬을 따로 준비해 주셨다고 한다.

그러던 어느 날, 당신께서 행자 생활을 하던 절 바로 밑에 도인스님이 사신다는 소문을 듣고, 그 어른스님을 찾아뵈었다. 해운정사 스님께서는 스님을 보자마자 몇 가지 물어보시더니, 식구들을 모조리 데리고 절에 들어와서 머리 기르고 수행하라고 말씀하셨다고 한다. 그래서 스님께서는 그때부터 3년간 다시 머리를 기르고, 당신이 인가받은 이야기는 숨기신 채 어른스님 밑에서 부목처사로 공부를 하시게 되었다. 특이하게도, 어른스님은 스님을 선방에 앉지 못하게 하셨다고 한다. 스님께서 선방에 앉으려고만 하면, 꼭 불러내며 하시는 말씀,

"앉아서 부처된 사람 봤나? 부처는 앉아서 되는 것이 아니다."

그래서 결국 스님께서는 절집의 힘든 일은 도맡아 하면서 3년을 보내는 동안 행주좌와에 살아있는 공부를 하셨다. 그리고 해운정사에 있는 동안 '33인 무차법회'를 치루면서, 그 당시 가장 유명했던 어른스님들을 직접 만나보고 그 살림살이를 파악해 보는 소중한 기회도 가지셨다.

● 태백산 수행 시절, 작은 개집 같은 초소형 토굴에서 수행하셨던 정봉 스님.

그 곳에서의 3년이 지나고, 스님께서는 중생을 위한 자비방편을 배우러 태백산으로 향하셨다. 다리 하나 뻗을 수 없는 작은 개집 같은 토굴을 지어놓고 수행하셨다. 밤 12시부터 4시까지는 늘 탑돌이와 참선 수행을 하셨던 스님, 태백산의 살을 에는 추위에도 당신의 간절한 마음은 늘 그대로였다. 온몸이 동상에 걸리고 화장실에 가면 세수 대야 한 가득 피를 쏟아내는 어려움도 있었지만, 당신 마음에는 몸에 대한 걱정으로 마음 흔들린 적이 티끌만큼도 없었던 신심어린 시간들이었던 것이다. 이렇게 보낸 6년여의 시간은 스님에게 진제眞諦와 속제俗諦, 반야의 지혜와 자비의 방편을 담금질하던 귀중한 시간이었다.

그 뒤로, 전국의 이름 난 도인스님들은 모두 직접 찾아뵙고, 점검을 받으셨던 스님께서는 어느 날, 바랑 하나 짊어지고, 당분간 먹을 미숫가루 조금과 경전만을 챙겨 여기 화개골로 오셨다. 그래서 여기 화개골 맥전마을 동굴에서 3년간, 스님께서는 세상의 아무런 방해도 받지 않으시고 혼자만의 수행을 시작하셨다.

그 곳은 말이 좋아 동굴이지, 큰 바위 몇 개 사이의 조그만 공간이라고 하는 것이 맞다. 칼바람이 휘몰아쳐 들어오고, 비가 오면 바위틈에서 빗물이 주룩주룩 떨어지고, 산모기와 지네 등 수많은 벌레들이 우글대던 그곳. 그러나 스님께서는 하루에 미숫가루 몇 숟가락 드시면서 사셨던 그 3년 동안의 동굴 수행 기간이 당신에게는 가장 행복했던 시간이라고 하신다. 음식을 씹는 일이 없어, 어느 날엔가 어금니가 하나 둘씩 그렇게 빠져버리더라고 하시면서 그때의 수행 이야기를 가끔씩 들려주시는 스님….

가끔씩 맥전마을의 뒷산을 올려다 볼 때마다, 가슴이 먹먹해지는 것은 이 도량 스님들의 공통된 마음이다.

그렇게 3년 동굴 수행을 마치시고, 남해의 어느 절에서 100일 기도를 하셨는데, 때마침 그 절에 오셨던 활안 스님을 만나 뵙게 되어 그분의 권유로 조계종으로 다시 들어오게 되었다. 스님에게는 이미 종단이나 법랍, 문중 등이 아무런 의미가 없었지만, 당신의 공부를 제대로 회향하기 위해, 제대로 발심한 스님들에게 도움이 되기 위해 조계종을 선택하셨던 것이다. 그래서 50살이 다 되어가는 늦은 나이에 사미계를 다시 받으시고, 쌍계사 강원생활을 거쳐서 비구계를 받으셨다.

그리고 당신께서 홀로 공부하고 계시던 어느 날…. 현현 스님과 내가 여기 화개골로 찾아왔다. 조그만 움막에서 공부만 하시던 당신께는 너무나 죄송스러운 일이었지만, 스님을 의지하고 수행하겠다는 우리들의 간절한 원을 받아주셨다. 스님께서는 우리들에게 비구니계를 받아야 하지 않겠느냐고 하시면서 강원이나 선방을 권유하셨지만, 죽으나 사나 스님 곁에서 공부만 하겠다는 우리들의 마음을 저버리지 못하셨다.

이렇게 해서 스님 밑에서 새롭게 수행을 배워나가던 어느 날, 스님께서 세 사람 모두 동국대에 진학할 것을 제안하셨다. 동국대에 가게 되면, 봄과 가을에는 교학을 공부하고, 방학에는 이곳 지리산에서 수행을 함께 할 수 있는 장점이 있었기에 고민 끝에 동국대 진학을 결정하게 된 것이다. 우리 두 사람은 이미 대학을 졸업한 상황이라 수시모집으로 들어갈 수 있었지만, 당신께서는 중학교만 졸업하셨기에 고등학교 검정고시와 수능시험을 모두 치러야 하는 상황이었다. 동국대 이야기가 나온 것이 5월, 검정고시는 8월에 있었다.

학교 공부를 손에서 놓은 지 30년도 더 지나셨는데 스님께서 과연 3개월 만에 검정고시가 가능할지 걱정이 되었다. 하지만, 모든 일이 불보살님의 뜻대로 이루어짐을 확신하였기에 바로 스님 검정고시 과외수업에 들어갔다. 아침 먹고 4시간, 점심 먹고 4시간, 하루도 빠지지 않고 진행하는 스파르타식 과외수업이 시작된 것이다. 스님께서는 공책 빼곡히 3개월치 계획표를 짜서 밀어붙이는 나에게 "내도 독하지만, 니도 참 너무했다."라고 놀리기도 하셨지만, 두 다리가 뻣뻣해질 정도로 고된 공부를 하루 8시간 동안 꼼짝하지 않으시고 다 참아내셨다.

그 결과 3개월 만에 무난히 검정고시에 합격하시고, 연이어 3개월간의 강도 높은 '주입식 교육'을 받으신 스님께서는 수능시험도 무사히 잘 치르셨다. 그런데 어찌된 일인지, 내가 외우기 싫어서 스님만 외우라고 적어드리면 영락없이 잘 못 외우시고, 억지로라도 내가 외우고 난 뒤에 적어드리면 바로 외우시는 특이한 부분이 있었기에, 나는 그리도 지겨워했던 입시공부를 결국 3번이나 한 셈이다. 그래도, 아무런 의미를 못 느꼈던 학교공부가 이렇게 최상의 회향처를 찾았으니, '강남 8학군 출신의 족집게 선생'이라는 놀림을 들어도 그저 황송할 따름이었다.

더욱이 스님과 함께 한 대학생활은 내가 상상했던 것보다 훨씬 더 많은 것을 배울 수 있는 기회가 되었다. 수업시간이면 늘 맨 앞에 앉아서 초롱

초롱 반짝이는 눈으로 가장 열심히 수업을 들으셨던 스님. 수업이 끝나면 바로 달려 나가 손수 칠판을 지우셨던 스님. 눈이 오나 비가 오나, 새벽마다 학교 곳곳을 돌아다니시며, 쓰레기를 주워 모아 교정을 장엄하셨던 스님. 스님을 따라 이렇게 단 한 번의 결석도 없이 수업에 참석하고, 모든 과목에 최선을 다하고, 새벽마다 교정의 쓰레기를 치웠던 대학생활은 간절한 수행의 연속이 될 수밖에 없었다.

2006년, 우리는 많은 것을 배우고 느낄 수 있었던 동국대 생활을 접고, 이곳 지리산으로 돌아와 다시 우리의 일상으로 돌아왔다. 누군가 그 절 이름이 뭐냐고 물으면 망설일 만큼, 간판도 이름도 없는 조그만 움막에서…, 그렇게 오직 당신의 수행과 후학들의 수행에만 관심을 쏟으셨다. 큰절 창고에 있던 헌 나무들과 문짝들을 받아오셔서 당신이 직접 지어주신 우리의 토굴…. 여기저기 헌 목재와 어딘가에서 얻어온 창문들로 지어진 토굴이지만, 우리에게는 평생 살아도 모자란 너무나 소중한 공간들이다.

가끔씩 인연이 되어 찾아오시는 분들에게도 오직 그분들을 진리로 이끄는 말씀만 하시고, 불사에는 전혀 관심이 없으셨던 스님…. 점점 찾아오는 분들이 하나 둘씩 늘어나자, 현현 스님과 나의 속가 가족들이 스님께 간청을 해서, 오시는 분들이 하루라도 편안하게 수행하고 갈 수 있는 수행관을 건립하게 되었다. 비록 작은 법당, 작은 객실로 이루어진 수행관이지만, 수행관이 지어지기 전에는 이보다 훨씬 더 작은 방에서 서로 쪼그리고 앉아 모기에 물려가며 예불을 드리고, 재래식 해우소가 낯설어 볼일도 제대로 못 보던 분들을 생각하면, 참 잘 된 일이라 생각된다.

그리고 이제…. 스님께서는 마지막 3년 무문관을 준비하고 계신다. 절대 큰스님 하지 말라고 하셨던 혜암 큰스님의 간절한 당부의 말씀, 어른스님 당신도 후회한다고 하셨던 그 말씀의 깊은 뜻을 아시기에…. 3년 무문관을 회향하시면 당신께서는 젊은 시절 가난하고 어려운 사람들과 함께했던 그때처럼, 또 다시 세상 사람들과 가장 가까운 곳에서 함께 울고 함께 웃으시며 불법을 전해주실 것이다.

불법을 만난 이후로, 단 한 순간도 보리심에서 그 마음이 떠나본 적이 없으셨던 스님! 부디 오래오래 이 세상에 머무시어, 한량없는 중생들에게 생사 없는 부처님의 감로법을 전해 주시길 두 손 모아 간절히 바라옵니다.

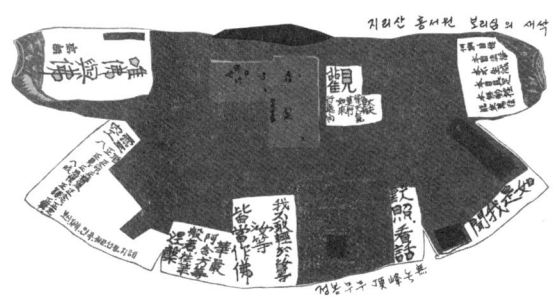

● 정봉 스님께서 동굴에서 지내시는 동안 입으셨던 옷. 여기저기 떨어진 곳에 천을 덧대어 기우셨는데, 그 때마다 당신 가슴에 와 닿은 경전 구절을 써 넣으셨다. 훗날 어느 화가가 이 옷을 보고, 영감을 얻어 만든 작품이 위의 판화이다.

【부록】

티벳 까규파 법왕
17대 까르마빠 채식법문

2007년 1월 3일 티벳 까규파 제17대 까르마빠께서 인도 보드가야에서 열린 까규 몬람 법회에서 하신 법문입니다. 이 법문을 번역한 인연공덕으로, 모든 사람이 대자비심을 발하여 무상 정등 보리심을 성취하시길 바랍니다.

티벳 까규파 법왕
17대 까르마빠 채식법문

30분 정도 시간이 있기 때문에, 채식주의자가 되는 것에 대해 말하고자 합니다. 육식을 포기하고 채식을 하는 것에 대해서 많은 이야기를 하는 것이 쉽지만은 않습니다. 그러나 육식을 포기하는 것은 이 시대에 매우 중요한 일입니다. 그리고 육식을 하는 것에 대하여 어떻게 생각하는지, 또한 어떻게 수행에 적용하는지는 매우 중요한 문제라고 생각합니다. 주어진 시간이 끝나가기에, 이제는 이야기를 시작해야 하겠습니다. 우선 기도를 합시다. (염불)

일반적으로 수계 받은 사람에게, 스님이건 아니건 간에 육식이 허용되느냐고 묻는다면, 어떤 사람들은 허용이 되지 않는다고 하겠죠. 고기를 먹는 사람이 있으면 동물을 살생하는 사람이 있을 것이고, 이 세상에 고기를 먹는 사람이 없다면 아무도 고기를 만드는 사람이 없다고 말할 것입니다. 이런 이유로 육식을 하는 것과 살생은 매우 관련이 있고 또한 살생이라는 악업은 육식이 그 중대한 원인으로 작용합니다. 지금 이것이 사실이냐 아니냐는 좀 다른 문제입니다.

만일 진주를 사용하는 사람이 있다면, 이 사람은 진주조개를 살생하는 일의 원인이 됩니다. 그리고 누군가 특정 옷이나 실크를 입는다면 그 또한 특정 동물의 가죽이나 털 또는 누에로 만들어졌기에 또한 살생의 원인이 되는 것입니다. 그리고 또한 만약 육식을 하는 사람이 한 사람도 없다면, 곡식 같은 것을 먹기 때문에 이 또한 땅속의 벌레들이 파헤쳐져서 새들이 내려와 쪼아 먹게 되기에, 수많은 존재들이 죽게 되는 원인이 됩니다. (누군가 억지로 써서) 양이 있으니까 양을 죽이는 사람이 있다고 한다면, 양으로 존재하는 것 자체가 문제가 될뿐더러 존재 자체가 악업의 원인이 되는 것이지요. 그러기에 단지 존재하는 것과 악업을 실제로 저지르는 것이 동일할 수는 없는 것입니다.

예전에 중국에 돼지를 도살하는 사람이 있었습니다. 매일 돼지를 도살했기에 그 사람의 칼은 피로 물들어 있었지요. 가끔은 이렇게 생각했습니다. '나는 왜 이 일을 해야만 하지? 매일 돼지를 죽이고 있잖아.' 그러나 그는 또 이렇게 생각했습니다. '그건 내가 돼지를 죽이고 싶어서가 아니야. 다른 사람이 돼지고기를 먹기를 원하고 필요로 하니까, 내가 이 일을 하는 거지.' 이렇게 그 사람은 자신이 그렇게 나쁜 사람은 아니라고 스스로 위안을 했습니다.

도살장 옆에는 큰 절이 있었고, 그 절에는 대종이 있었는데, 그 사람은 매일 아침이면 대종소리를 듣고 일어나 돼지를 도살하러 갔습니다. 그런데 하루는 절에서 대종을 울리지 않아서 그만 늦잠을 자게 되었습니다. 그

날 도살하려고 했던 돼지는 새끼 열 마리를 배고 있던 암퇘지였습니다.

그래서 그는 절에 가서 왜 종을 울리지 않았느냐고 물었죠. 그랬더니 그 절의 주지스님이 말하기를, 간밤에 꿈을 꾸었는데 꿈에서 10명의 존재가 나타나서 자신들을 살려달라고 하더랍니다. 그 스님이 "내가 어떻게 당신들을 살릴 수 있겠소?"라고 물으니 "종만 울리지 않으면 우리 모두를 살리실 수 있습니다."라고 대답하기에 오늘 아침 종을 울리지 않았다고 하더랍니다. 그때, 이 말을 들은 도살하는 사람은 크게 느낀 바가 있어서 그 날 이후로 돼지를 잡지 않았다고 합니다.

제가 이야기하고자 하는 것은 종을 울리는 것이 돼지를 죽이는 원인이 되었다는 것입니다. 그리고 이런 일이 가끔은 우리에게도 일어날 수 있는 일이기에, 우리 또한 살생의 원인이 되는 종은 울리지 말아야 한다는 것입니다. 단지 한 가지 원인 그 자체로는 문제의 실질적인 원인이 될 수가 없지요. 그것은 논리적이지 않지요.

그러나 부처님께서 스님들에게 육식을 허용하셨든 안 하셨든 간에 율장에 보면 고기를 먹을 수 있는 경우, 즉 삼정육에 대한 언급과 먹어서는 안 되는 고기 종류 등을 언급하고 있지요. 대승불교에서는 고기를 먹지 않는 것은 매우 중요한 문제라고 생각합니다. 율장에서는 삼정육이라고 해서, 세 가지의 깨끗한 고기에 대해 말하고 있습니다. 세 가지 조건에 해당되지 않으면 먹어도 된다는 것입니다. 예를 들어, 자신을 위해 죽이지 않았다는 등의 조건입니다. 그러나 우리들은 너무나 고기에 대해 탐착을 하고 또 고기 맛에 대한 강한 욕구가 있기에, 이 고기가 자신을 위해 특별히 도살되었는지 아닌지 모르게 됩니다. 가끔 사람들은 고기가 너무 먹고 싶어서, "고기 좀 줘."라고 말을 합니다.

제가 아주 어렸을 때, 저 또한 고기를 무척 좋아했습니다. 고기 요리가 나오면 아주 빨리 먹어버리곤 했습니다. 제가 살던 곳의 고기는 빨리 동이 나곤 했는데, 가끔 어떤 스님들은 아주 조심스럽게 드셔서 고기가 남아있는 경우도 있었습니다. 그러면 저는 곧장 스님들 공양간으로 가서 스님들의 고기를 달라고 했었습니다. 제가 고기를 즐겼기 때문에 제 주변의 사람들도 제 영향을 받았고 저는 고기를 그들에게 주기도 했습니다. 제가 "아, 고기만두 먹고 싶다. 만두 먹으러 가자."고 하면 다른 사람들도 같이 고기만두를 먹게 되는 것이죠.

그래서 부처님께서는 보살들은 절대 고기를 먹어서는 안 된다고 하셨습니다. 우리가 고기에 대한 강한 탐착을 가지거나 고기 먹는 것을 선호하기 때문에 초심 보살들은 고기를 먹는 것이 아주 좋지 않습니다. 여러분이 식당에 가서 "닭고기 좀 주세요."라고 할 때, 그 식당에 이미 닭고기가 있는지 아니면 닭고기가 없어서 닭을 잡아야 하는지 알 수가 없습니다. 그래서 보살들은 고기를 먹어서는 안 된다고 하는 것입니다. 그리고 여기서 보살이라고 하는 것은, 관세음보살님 같은 높은 지위에 있는 위대한 대보살이 아니라, 우리같이 중생을 이익 되게 하고자 하는 평범한 보살을 이야기 하는 것입니다.

보살계에 따르면, 비록 율장에서 허락된 세 가지 깨끗한 고기라 할지라도, 보살이나 초심보살들은 절대 먹어서는 안 된다고 나와 있습니다. 왜냐하면 우리는 고기 맛에 대한 엄청난 탐착을 가지고 있기에, 자신도 모르게 실수를 할 수 있기 때문에 고기를 먹는 것이 좋지 않습니다.

그래서 '보살의 삶'에서는 육식을 금지하는 것입니다. 지금 우리가 이렇게 말했을 때, 율장에는 허용되어 있다고 해서 육식을 하라고 하는 말도 아니고, 율장이 좋지 않다는 그런 말도 결코 아닙니다. 오히려 우리는 모든 중생을 우리 자신의 아들, 딸과 같이 보아야 하는데, 우리가 고기를 먹는다면 단지 음식을 위해서, 우리가 우리의 자식처럼 소중히 여겨야 할 존재들을 저버린다는 것과 같습니다. 그래서 우리가 음식에 고기를 사용하는 방식은, 보살의 관점에서 금지되어 있을 뿐만 아니라, 성문聲聞의 관점에서도 역시 좋지 않게 여겨지는 것이기도 합니다.

여러분이 여러분을 위해 죽이는 것을 보거나 듣거나 또는 의심이 된다면, 그 동물은 여러분의 소비를 위해 도살당한 것입니다. 깨끗한 고기가 될 수 없지요. 우리가 앞에서 말했듯이 세 가지 조건에 해당되지 않는 고기 즉, 당신을 위해 도살되지 않았고 그렇다는 것을 보거나 듣거나 의심이 되지 않는 고기라고 할지라도, '보살의 삶'에서는 그 고기를 먹는 것을 허용하지 않습니다.

그러나 티벳에서도 그렇지만, 우리들은 대개 우리에게 공양 올려진 고기를 먹습니다. 티벳에서는 큰스님이 마을에 가게 되면, 마을 사람들은 양이나 야크 같은 것을 잡고, 스님이 진언을 외우고는 괜찮을 거라고 생각하는데, 이것은 좋지 않은 일입니다. 스님이 매우 법력이 뛰어난 스님이라면 괜찮을 거라고 생각하지만, 그렇지 않습니다. 왜냐하면 부처님께서 누구도 자신을 위해 특별히 공양 올려진 고기나 자신을 위해 도살되어진 고기를 먹어서는 안 된다고 하셨기 때문입니다.

예전에 암도 지방에 조낭 스님이 있었는데, 하루는 어떤 남자가 스님께 막걸리를 들고 왔습니다. 그리고는 스님에게 술에 가피를 내려달라고 했습니다. 그 남자는 스님이 가피를 내리면 마셔도 괜찮을 거라는 생각을 한 겁니다. 그러자 그 스님은 "어떻게 가피를 내리는지 모르겠다. 나는 가피를 내리는 법을 모른다."라고 하면서 이렇게 말했다고 합니다. "티벳에서는 가끔 야크를 도살할 때 목을 졸라서 죽이는데, 목을 졸라 죽이면서 가피를 내린다면, 그렇다고 그 야크가 죽지 않느냐? 마찬가지로 나는 당신이 술을 마시고도 어떠한 실수도 저지르지 않을 수 있는 그런 가피를 내릴 능력은 없다."고 말했다고 합니다.

그리고 티벳이건 어디건, 스님들이나 혹은 크게 깨달은 사람일지라도 부처님께서 말씀해 놓으신 계율을 따라야만 합니다. 수많은 선지식들과 위대하게 깨달음을 얻은 사람들이 인도에도 계시고 또 티벳에도 있어 왔습니다. 그러나 그분들 누구도 "나는 깨달음을 얻었으니까, 난 뭐든지 할 수 있어. 술 마시고 고기를 먹을 수 있어."라고 말하지 않았습니다. 절대 그런 것이 아니고, 절대로 그래서는 안 됩니다.

까규파 전통에 따라, 우리는 역대 조사들과 또 까규파의 스승들이 육식에 대해서 어떻게 말했으며 실천했는지 잘 살펴보아야 합니다. 디꿍 샥파 린포체께서는 디꿍파의 위대한 스승이신데, 이렇게 말씀하셨습니다.

"제자들아, 누구든지 고기를 먹거나 고기를 사용하면서 그것이 기도 공양물이라고 말하는 사람은 나를 완전히 고립시키는 사람이고 불법을 거역하는 사람이다."

제가 그것을 일일이 설명할 수는 없지만, 그분은 "어떤 사람이라도 고기를 사용하거나 사용해도 좋다고 말하는 사람은 불법을 거역하는 것이고 나를 거역하는 것이며, 그러한 사람은 불법과 전혀 관련이 없는 사람이다."라고 말씀하셨습니다. 아주 강력하게 말씀하셨죠.

다른 위대한 스승들도 또한 이에 대해 말씀하셨습니다. 그분들 모두는 만에 하나 어떤 사람이 고기를 먹고 또 고기를 먹는 것이 허용되는 것이라고 생각한다면, 당신은 그런 생각을 꿈에서조차 해서는 안 된다고 하셨습니다. 왜냐하면 그런 생각은 절대 옳지도 않을뿐더러 좋지 않은 것이기 때문입니다. 몇몇 지역에서는 밀교에 따라, 자신이 먹은 고기의 생명을 해탈시킬 수 있는 그런 특별한 능력을 가진 사람만이 고기를 먹을 수 있다고 말해집니다.

까르메 착메 린포체에 따르면, 다섯 가지 고기와 다섯 가지 감로를 사용하는 것에 대해 이야기를 하는데, 오직 온전하게 깨달은 사람만이 고기를 먹을 수 있다고 하셨습니다(밀교에서는 사람고기·개고기·양고기·코끼리고기·소고기와 같은 다섯 가지의 고기와 똥·오줌·골수·정액·생리혈과 같은 다섯 가지의 감로에 대해서 언급하고 있습니다. 이는 일반 수행자들을 위한 이야기가 아니고, 의식이 아주 높아진 극소수의 수행자들이 세간에서는 더러운 것으로 여겨지는 것들을 이용하여 자신에게 남아 있는 미세한 분별심을 정화하는 도구와 상징으로 사용하는 것입니다. 존자님께서는 이런 밀교의 행법을 핑계 삼아 공양물로 고기를 올리고 자신이 또한 그 공양물을 먹는 풍습을 비판하는 것입니다. 역자 주).

  만일 여러분이 밀교에 다섯 가지 고기와 다섯 가지 감로에 대해 수도 없이 언급되어 있는데, 그럼 이것은 뭐냐고 묻는다면, 린포체께서는 그것은 오직 의식이 가장 진화된 사람들만을 위한 것이라고 대답할 것입니다.

  예를 들어 똥이나 오줌 같은 것을 불단에 올려놓는다면, 그것은 아주 나쁜 일입니다. 우리는 이런 것을 좋아하지도 않을뿐더러 비위가 상할 것입니다. 불단에 공양물을 올린다는 것은 위대한 스승들이 배가 고프고 목이 말라서 우리가 공양물을 올리고, 그로 인해 그분들을 기쁘게 해드리기 위함이 아닙니다. 그럴 수가 없죠. 우리가 선업을 쌓기 위해서 공양물을 올려야 하는 것입니다.

  제8대 까르마빠인 미쫴 도제(Mi bskyod rdo rje, 1507-1554)께서도 규또 같은 기도 기간에 고기를 공양물로 올리는 것, 예를 들어 마하까라 기도 때, 술과 고기 등을 올리는 것을 엄격하게 금하셨습니다. 그분께서는 만일 누군가 이런 짓을 한다면 나는 그의 스승이 아니며, 그는 나의 제자가 아닐뿐더러 절대 나를 따르는 사람이 아니라고 하셨습니다. 그분께서는 모든 사원에서 고기나 술을 공양물로 올려서는 안 된다고 하셨습니다. 고기나 술

대신에 과일 등을 올리면 됩니다. 시킴 지역에서는 규또나 마하깔라 기도 기간에 고기를 올려야만 된다고 하더군요. 만약 마하깔라 그분이 직접 오신다면 고기를 드실 수도 있겠지요. 하지만 당신이 마하깔라를 위해 고기나 술의 공양물을 올리는 것은 완전히 쓸모없는 일입니다. 좋지 않은 일입니다.

    8대 까르마빠께서는 〈수행백송〉에서 비구들이 포기해야 하는 여덟 가지 물건에 대하여 말씀하셨습니다. 『화엄경』에서 이것이 언급되어 있기 때문에, 여덟 가지가 모두 다 기억나지는 않지만, 그중 제일 중요한 것이 바로 고기와 술 그리고 무기였습니다. 그분은 이런 것들을 보는 것조차 하지 말라고 하셨습니다. 이러한 여덟 가지를 포기하지 않는 사람은 '까규파가 아니다'라고 하셨지요. 만일 포기하지 못한다면 까규파에서 나가면 되고 다른 곳에 가면 되는 것입니다. 여러분이 고기를 먹는다면 까규파에 속할 수 없습니다. 이제 우리 스스로가 까규파인지 아닌지 알 수 없군요.

    잠곤 꽁뚤 린포체께서는 열반에 들기 전에 계속해서 이런 말씀을 하고 또 하셨습니다. 당신은 더 이상은 육식을 하지 않는 그런 사람으로 환생하기를 항상 기도하신다고요. 우리가 읽어보아야 할 것이 너무나 많이 있습니다. 많은 인용구들이 있습니다. 그리고 우리는 이런 것들을 반드시 실천으로 옮겨야 합니다. 어떻게 행동으로 옮길 수 있겠습니까? 『능엄경』, 『입능가경』, 『대반열반경』과 같은 경전에서 명백하게 육식을 금했습니다. 때로 일부 육식이 허용되는 지역이 있을지라도, 그렇다고 육식이 권장되었던 것은 아닙니다. 누구도 육식을 하는 것이 좋고 육식을 하는 것이 문제 없다고 말하지 않았습니다. 육식을 하지 않는 것이 너무나 어려웠던 사람들에게 어쩔 수 없이 허용을 했던 것입니다. 티벳에서는 까규, 닝마, 샤꺄, 겔룩 그리고 조낭까지 모든 곳에서 육식을 강력히 금지했었습니다.

제 자신에 대해서 개인적으로 하고 싶은 이야기가 있습니다. 제가 어렸을 적에, 한 열한 살 열두 살 때, 손금 보는 어떤 사람이 제 손금을 보고는 "당신이 23, 24살이 되면 아주 큰 장애가 있을 것입니다."라고 말해 주었습니다. 그러나 그때는 어렸기 때문에 그다지 심각하게 고민하지 않았습니다. 듣고는 금세 잊어버렸습니다. 그리고는 제가 인도로 망명을 왔지요.

망명 오고 한 5, 6년이 지났을 때, 어느 날 꿈을 꾸게 되었습니다. 꿈에서 한 스님이 말하더군요. "손금 보는 사람이 당신에게 장애가 있을 것이라고 말하지 않았습니까? 기억하지 못하나요?" 그래서 제가 대답했지요. "네, 기억합니다." 그랬더니 그분이 말하길 "당신 생명에 큰 장애가 있답니다." 저는 평소 죽음에 대해 심한 두려움을 느끼지 않습니다. 난 까르마 빼고 약간은 용기 있는 척해야 되잖아요. 그러나 그 꿈에서 저는 아주 크게 두려웠습니다. 제가 꿈에서 깨어났을 때, 심장이 빨리 뛰고 있었습니다. 비록 꿈이었지만 저 역시 어떤 장애가 있을 것이라고 느꼈습니다.

저 같은 사람들은, 제가 만약 오래 산다면 얼마나 도움이 될지는 모르겠지만, 8살 때부터 지금까지 사원에서 불법에 의해 길러졌기 때문에, 제가 하고자 하는 것은 오직 불법과 승가, 그리고 사원에 대한 헌신이었습니다.

저의 모든 의도와 행동이 지금까지는 그다지 나쁜 것이 없었습니다. 만약 모든 일이 순조롭게 흘러간다면 저는 불법과 모든 존재들을 위해 헌신할 것입니다.

저에게 닥칠 이러한 장애를 없애기 위해서 해야 할 일 중에 가장 중요한 일은 생명을 살리는 것, 즉 방생하는 것이라고 느꼈습니다. 그리고 이러한 이유로 육식을 하지 않는 것입니다. 이것은 아주 중요한 일입니다. 일반적인 견해로 보거나 특정 견해로 보거나 간에, 육식을 하지 않는 것은 매우 중요한 문제입니다. 올해와 내년은 달라이 라마 존자님의 장애가 있는 해인데, 그래서 그분은 작년에 동물 가죽으로 만들어진 옷을 입는 것 등을 금지하셨던 것입니다. 이제 이런 일들을 하는 것이 매우 중요한 것입니다.

제가 몇 가지 제안을 하겠습니다. 우선 숨을 한번 크게 쉬세요. 먼저 만일 당신이 까르마 까규파라면, 당신이 비구이든 비구니이든 재가 신도이건 간에, 당신은 고기를 사고 파는 일, 도살하는 일에 종사해서는 안 됩니다. 고기를 파는 일을 절대 하지 마세요. 이것이 첫 번째 일입니다. 매우 중요한 것입니다. 여기 인도에 사는 사람뿐만이 아니라 티벳에 사는 사람도 마찬가지입니다. 제가 듣기로 티벳에서는 환생자조차 이런 일에 관여한다고 하더군요.

쭐푸 사원의 경우, 거의 모든 것이 파괴되었음에도 불구하고 도살하는 곳은 여전히 남아있다고 합니다. 사원에 도살장이 있어서는 절대로 안 됩니다. 우리는 깜상(까르마 까규) 사원이 있는 곳에는 절대로 도살장이 없도록 모든 노력을 기울여야 합니다. 일반적으로 모든 까규에 대해 생각을 하고 있지만, 우선은 깜상에 대해 이야기를 해야만 합니다. 사원 토지 내에는 절대로 도살장이 있어서는 안 되고, 사원에 소속되어 있는 도살장도 있어서는 안 됩니다. 절대로 그래서는 안 됩니다. 이는 깜상의 전통을 따르는 비구, 비구니뿐만이 아니라 모든 사람이 명심해야만 하는 것입니다.

그리고 비구와 비구니 스님들은 또한 공개적으로 고기를 요리해서는 안 됩니다. 제가 어떤 서양 잡지를 보니, 열 명의 스님들이 고기를 자르고 있는 사진이 있더군요. 그리고 그것은 얼핏 보기에 마치 스님들이 엄청난 양의 고기를 자르고 요리하는 것 같았습니다. 가끔씩, 어쩔 수 없이 그럴 수밖에 없는 일이 있더라도, 절대로 큰 행사 때 고기를 요리하는 일, 특히 승복을 입고 그런 일을 해서는 절대로 안 됩니다. 보기에도 매우 좋지 않습니다.

불교에서는 우리의 어머니와 아버지가 아니었던 존재는 없다고 말하지 않습니까? 그러면서 고기를 사기 위해 승복을 입고서 정육점에 갑니다. 우리가 정육점에 가는 이유가 고기를 사러가는 것 외에 더 있습니까? 우리는 반드시 정육점에 가는 일을 줄여야 합니다. 만약 여러분이 정말로, 고기를 좀 살 일이 있다면, 꼭 다른 사람에게 부탁을 해야만 합니다. 스님들이 정육점에 가서 고기를 사는 것은 정말 보기에 좋지 않습니다.

그리고 우리는 고기를 먹는 것을 줄여야만 합니다. 일반적으로 세 끼를 먹는다고 하면 매끼가 아니라 한 끼 정도만 고기를 먹는다는 식으로 말입니다. 아니면 "나는 한 달에 한 번 고기를 먹을 거야."라고 약속하면서 줄여보세요. 티벳인들은 보통 특별한 날, 보름이나 초하루, 정초나 열반재일을 매우 중요하게 생각합니다. 이런 특별한 날에는 고기를 먹지 않는 사람들이 있습니다. 어떤 사람은 고기를 완전히 포기할 수도 있고, 또 어떤 사람은 그럴 수 없습니다. 그러나 최소한 고기 먹는 것을 줄이기라도 해야 합니다. 왜냐하면, 모든 사람이 육식을 하는 사회에서는 고기를 포기하는 것이 어렵더라도, 모든 사람이 채식을 하는 사회에서는 고기를 안 먹는 것이 매우 쉽기 때문입니다. 모든 사람이 육식을 한다면 채식하는 것이 쉽지가 않습니다.

다음 시간에 제가 묻겠습니다. 하루에 세 끼가 아니라 한 끼만 고기를 먹을 것인지. 그렇게 하고자 하는 사람은 손을 들어 주세요. 제가 일일이 지켜볼 수는 없지만, 여러분 스스로에게 약속을 해야만 합니다. 또 묻겠습니다. 특별한 날에 고기 먹는 것을 포기할 것인지, 또 아예 고기 먹는 것을 완전히 포기할 것인지를 생각해야만 합니다. 그러나 그리 생각할 것도 없어요. 그냥 결정만 하세요. 생각을 너무 많이 하는 것은 정말 쓸모없는 일입니다. 단지 결정만 하십시오.

그리고 제가 잠시 잊고 말하지 않은 것이 있는데, 깜상 까규파에 속하는 모든 사원의 공양간에서는 어떠한 고기 요리도 해서는 안 됩니다. 만약 여러분이 사원 공양간에 고기를 가지고 들어와서 요리를 한다면, 그것은 여러분이 저를 선지식으로 인정하지 않는다는 의미일뿐더러 여러분은 까르마 까규에 속하지 않는다는 의미입니다. 이것에 대해서는 더 이상 논쟁할 필요가 없습니다. 더 이상 말하지 마세요. 매우 중요한 문제입니다.

특히 티벳에서는 예전에는 채식을 하는 것이 매우, 매우 힘들었습니다. 그러나 이제는 중국인들의 친절함 덕분에, 그다지 어렵지 않게 되었습니다. 이제는 고기가 당신이 먹을 수 있는 유일한 식량이 아닙니다. 다른 것들도 있고, 야채들도 많습니다. 반드시 생각해야 합니다. 육식은 좋지 않고, 추하고, 건강에도 해롭다는 견해를 계속 길러가야 합니다. 채식은 달라이 라마, 그리고 아포 가가(존자님의 어렸을 때 이름)의 장수를 위해서도 아주 좋습니다. 여러분이 아포 가가가 장수하기를 바란다면, 고기를 먹지 않는 것이 도움이 될 것입니다. 그리고 여러분의 근본 스승님들과 모든 위대한 존재들이 장수하시길 원한다면, 고기를 줄이거나 먹지 않는 것이 가장 중요한 방법이 될 것입니다.

다음 시간에, 서약을 한다면 반드시 지켜야만 합니다. 여러분의 첫 번째 서약이 매우 명확하고 견고하다면, 두 번째의 서약도 훌륭하고 세 번째의 서약도 훌륭할 것입니다. 그래서 첫 번째 서약은 반드시 매우 견고해야 합니다. 만약 여러분이 정말로 할 수 없는 것이나 마음에서 꺼려지는 것이라면 서약을 해서는 안 됩니다.

다음 시간에 존자님께서는 대중들에게 서약한 바를 물으시면서, 일일이 손들어 보게 하시고는, 손을 든 사람들을 격려해 주셨습니다.

하루에 한 끼만 고기 먹을 사람,
일주일에 한 번만 고기 먹을 사람,
특별한 날, 고기를 먹지 않을 사람,
정해진 몇 년간, 고기를 전혀 먹지 않을 사람,
고기 먹는 것을 서서히 줄여서 결국엔 고기를 전혀 먹지 않을 사람.

사람들은 모두 기쁜 마음으로 자신이 약속한 것에 대해서 손을 들었고, 모든 사찰이나 센터에서도 리스트를 작성해서 당신께 보여준다면 매우 기쁠 것이라고 하셨습니다. 그리고 다음과 같이 재미있게 말씀하셨습니다.

"옆 사람이 어디에 손드는지 보셨죠? 앞으로 잘 지켜보시고, 잊지 마세요. 그리고 육식에 대해서 이해하신 분들은 다른 사람들에게 말씀해 주세요. 특히 암도 지역 분들은 아마도 제 티벳 말이 이해되지 않을 겁니다. 이해하지 못하는 분들을 위해 잘 설명해 주세요."

번역을 마치며

여러분은 어떤 결정을 내리셨습니까? 여러분도 크나큰 자비심을 내어서 채식을 실천하시는 수행자가 되시길 간절히 바랍니다.
까르마빠 존자님과 역대 선지식의 크나큰 자비심을 찬탄하오며, 지리산 홍서원 〈보리심의 새싹〉 정봉, 천진, 현현 정례하옵니다.

후기

지금까지 스님을 모시고 공부하면서 많은 법문을 들었습니다. 그 중 일반적인 법문들은 인터넷에 올리거나 책으로 남길 수 있었지만, 구전에 가까운 법문들은 글로 남기기에 어려움이 있었습니다.

사실 모든 법문들은 찾아오신 분들의 근기에 맞추어 설한 것이기에, 심도 깊은 법문들은 글로 남기기에는 오해의 여지가 있을 수도 있다는 생각을 해 보았습니다.

당신께서 세우신 원력대로 수행에 대해서 묻고 싶어도 물을 곳이 없는 분들, 간절한 마음으로 이 길을 가시는 분들 모두, 이 책을 통해 좋은 인연으로 회향되길 간절히 바래봅니다.

또한 저희들의 수행 이야기가 부처님 가르침을 배우는 모든 인연 있는 분들에게 전해질 수 있도록 마음을 내어주신 불광출판사 모든 분들과, 이 책이 나올 수 있도록 간절하게 독려해 주신 청경 스님께도 감사드립니다.

불기 2553년 5월 (2009년)
지리산 홍서원 **천진** 합장

지리산 스님들의
못 말리는 수행 이야기

ⓒ천진, 현현, 2009

지은이 _ 천진
엮은이 _ 현현
2009년 6월 5일 초판 발행
2019년 2월 28일 초판 14쇄

발행인 _ 박상근(至弘)
편집인 _ 류지호

디자인 _ 백지원
일러스트 _ 선우
본문사진 _ 허지권, 보리심의 새싹

펴낸 곳   불광출판사
03150 서울시 종로구 우정국로 45-13, 3층
대표전화   02) 420-3200
편집부   02) 420-3300
팩시밀리   02) 420-3400
출판등록 제300-2009-130호(1979. 10. 10)

ISBN 978-89-7479-560-3. 03810

값 14,000원

잘못된 책은 구입하신 서점에서 바꾸어 드립니다.
독자의 의견을 기다립니다. www.bulkwang.co.kr
불광출판사는 (주)불광미디어의 단행본 브랜드입니다.